KB215154

『기독교 이해의 길잡이』는 대상을 제한하지 않은 편안한 초대장이다. 참석이 거부당할 염려도 없고 차려놓은 음식이 계통은 있으나 낯선 것이 없으며, 참석자들과 어울림이 힘들 것도 없는 그런 파티다. 흔히 들었던 '아무나 오게'다. 갔다가 성가시게 붙잡힐 우려는 안 해도 된다. 가보면 누구나 다 가졌던 삶의 본질적 고뇌의 과정이 국문학자다운 글쓰기와 소박한 자기 체험의 특성을 소재로 정직하게 기술되어 있기에 마치 잊고 있었던 고향에 잘 다녀왔으며 다시 다녀와야겠다거나 아예 귀향을 하고 싶다는 느낌을 부지중에 갖게 될 것이다.

곽신환 | 숭실대학교 철학과 명예교수

다년간 새신자 교육에 헌신해온 이 교수님이 쓴 이 책은 몇 가지 면에서 특별하다. 첫째는 목회자의 작품이 아니라는 것이다. 지나치게 신학적이지도 않고 과하게 교리적이지도 않다. 딱딱한 것을 부드럽게 가공하여 목 넘김이 좋도록 쓴 기독교 입문서다. 둘째는 일생을 국문학과 교수로 살아오면서 축적한 인문학적 지식과 우리의 전통문화와 토착 종교들에 대한 따뜻한 이해(이 교수님은 다원주의자는 아니나 전통문화와 타 종교에 대해 포용적이다)를 바탕으로 기독교 진리를 설명하는 것이다. 이 책을 읽고 공부하면 전통문화나 타 종교, 무신론자들과 불필요한 마찰이나 갈등을 최소화하면서 대화가 가능할 것이다. 셋째는 이 교수님의 신앙 간증과 신앙 에세이를 통해 진리 안에서 살아가는 그리스도인의 삶의 모범을 만날 수 있어서 좋다. 나는 이 교수님이 쓴 여러 권의 책도 읽었고, 책 밖에서도 잠시 교제할 수 있는 행운을 얻었는데, 그때마다 진리 안에서 새로워지고, 따뜻해지고, 부드러워진 인격을 접촉할 수 있어서 매우 기뻤다. 이 책에 그와 같은 인격이 고스란히 담겨 있어서 독자들에게 큰 감화를 줄 것으로 믿어 의심치 않기에 기쁘게 추천하는 바이다.

김동명 | 수원열린교회 목사, 책읽기운동본부 대표, 『환골탈태 독서법』 저자

기독교 입문서는 이미 여럿 나와 있으나, 이 책은 특별하다. 이 책은 신학자나 목회자가 아닌 이른바 평신도인 장로가 쓴 최초의 기독교 입문서다. 국문학을 전공한 평신도로서 사도행전에 나오는 베뢰아 교인들 같은 탐구심으로 신학까지 공부한 끝에 저술한 역작이다. 기독교의 특징이 무엇인지, 다른 전통 종교와 비교하는 한편 자신의 체험을 동원해 증언하고 있다.

문용식 | 전 총신대학교 신학과 교수

낚시할 때 좋은 미끼를 사용하면 물고기가 많이 모이듯이 좋은 질문은 지식을 풍요롭게 만든다는 이야기가 있다. 저자는 좋은 질문을 던지고 그에 대한 답을 진지하게 추구하는 분이다. 그의 이러한 태도가 역작으로 나타났다고 생각한다. 이 책에서 관심을 끄는 부분은 한국문화 전문가인 저자가 보는 기독교의 모습이다. 저자는 문화상대주의가 편만한 이 땅에 서양에서 들어온 기독교가 어떻게 보편적이고 배타적 유일성을 가지고 있는가를 담담한 필치로 변증하고 있다. 그리고 그 변증은 저자의 신앙적 체험과 함께 설득력 있게 제시된다. 아직 기독교 신앙을 가지고 있지 않은 분이나 초신자는 물론 교회 생활을 오래 한 분들에게도 유익하다고 생각하며 일독을 권한다.

박창균 | 서경대학교 문화콘텐츠학부 명예교수, 서양철학 전공

기독교를 설명하는 책은 매우 많다. 그러나 교회 안에서만의 소통이 아니라 교회 밖을 향하여, 나아가 타 종교와의 소통을 염두에 두고 쓰인 책은 쉽게 찾아볼 수 없다. 이 책은 그리스도인에게는 보다 넓은 시각을 열어주고, 그리스도인이 아닌 이들에게는 기독교란 어떤 종교인가를 쉽게 이해할 수 있도록 인도하는 훌륭한 입문서다. 이 책은 종교 다원주의적 시각을 지니고 있지는 않다. 저자는 기독교가 왜 참된 진리인가를 정성을 다해 설명한다. 저자는 기독교에서 어떤 진실을 발견하고 이 진리를 평생 지켜오고 있는 것일까? 종교를 넘어 참된 삶을 추구한다면, 이 책의 진실한 이야기에 귀를 기울여 볼 일이다.

이선경 | 조선대학교 초빙객원교수, 한국주역학회 회장

"학자의 저작은 그의 삶 자체다"(마르틴 하이데거)라고 했다. 『기독교 이해의 길잡이』에는 20세기 중반에 이 땅에서 태어나 평생 온고지신의 정신으로 한국문화 연구에 정진하면서 끊임없는 연찬 활동을 통해 50여 종의 단독저서를 편찬한 우리 국문학계의 중진 이복규 교수가 기독교 신앙을 받아들이면서 예수를 영접하고 그 삶을 닮아가려 끊임없이 노력하여 모범적인 신앙인이 되고, 나아가 장로이자 기독교 탐구자의 길을 걸어온 지난 60여 년간의 삶을 통한 고백과 증언이 진솔하고 평이한 문장 속에 응축되어 드러나 있다.

임헌규 | 강남대학교 참인재대학 학장, 동양철학 전공

기독교 이해의 길잡이

기독교
이해의
길잡이

기독교는 무엇을 어떻게 믿는가?

기독교 신앙생활은 어떻게 하는가?

그리스도인은 세상에서 어떻게 사는가?

이복규 지음

새물결플러스

저는 초등학교 4학년 때부터 교회에 나가기 시작했습니다. 그 뒤로 고희를 앞둔 지금까지 기독교 신자로 살고 있습니다. 중고등부 학생회장, 청년회장, 교회학교 교사, 찬양대, 남선교회 활동도 했으며, 현재는 장로로 섬기고 있으니 은혜입니다.

많은 종교 가운데 왜 하필 기독교를 믿어야 하나? 청년 시절 한때 방황한 적도 있습니다. 어디서 와서 어떻게 살다가 어디로 가는지, 일관성 있게 설명하는 종교는 기독교란 확신을 얻어 극복했습니다. 환갑 무렵에는 신학교에 들어가 대학원 과정까지 공부했습니다.

제 전공은 한국문화입니다. 국문학 연구로 박사학위를 받아 33년 6개월 동안 교수로 가르치다 정년 퇴직했습니다. 그간 한국문화에 대해 강의하고 연구하며 단독 저서를 50여 종 출판하였습니다. 한국문화와 기독교의 관계에 대한 책도 여럿 냈습니다. 신학교를 졸업한 후에는 평신도대학과 성경공부반을 여러 해 인도했습니다.

이런 경험을 살려 10여 년 전에는 새신자 양육교재를 비매품으로 만들었습니다. 『기독교의 특징』이란 소책자가 그것이지요. 교회에 새신자가 오면 이 교재로 기독교 신앙생활에 대해 소개했고, 교인들에게 특강도 했습니다. 재고가 얼마 남지 않은 상태에서, 동역하는 이주훈 장로가 정식 출판하라 강권하는 바람에 그간의 원고를 대폭 보완해 이 책을 냅니다. 저의 신앙고백문과 함께 「기독교연합신문」에 실었던 신앙 에세이도 같이 넣었습니다. 부록에는 「한국 천신숭배의 전개양상 시론」, 「기원의 고전문학사적 전개양상과 인문학적 의의」, 「기독교가사 '사향가'에 나타난 유교와 기독교 간의 논쟁」 등 논문도 수록했습니다. 이 글들은 기독교 전래 이전에도 천신, 즉 하나님(하느님)을 믿고 기도해온 우리나라 전통을 강조하고, 노래를 통해 기존 종교(유교)의 반론에 적극 응답했던 일을 드러내 보여줍니다.

한국 기독교 역사가 개신교만 해도 어느덧 140여 년입니다. 기독교(가톨릭 포함) 신자 수가 1천만 명 정도(한국 인구의 20%)이니, 유교와 불교처럼 한국사회에 완전히 정착한 '한국의 종교'입니다. 기독교 선교사가 입국하기도 전에 한글 성경으로 신자가 탄생한 점, 최초 개신교 선교사인 아펜젤러와 언더우드가 손에 들고 온 성경이 영어성경이 아니라 이수정이 우리말로 번역한 마가복음이었다는 점은 우리의 자랑입니다. 외부의 강요가 아니라 우리 스스로의 필요성에 따라 기독교 복음을 받아들였다는 증거이지요. 기존의 종교만으로는 안 되었기에 그랬겠지요. 목이 마르면 물을 마시듯, 기독교 복음도 그렇게 자연스럽게 받아들였건만 더러 오해하는 이도 있습니다.

1장에서는 기독교가 무엇을 어떻게 믿고 있는지 15개 항목을 중심으로 설명하였습니다. 그간의 기독교 입문서에서도 이 문제를 다루었는데 대부분 기독교 내부용으로는 충분하지만, 기독교 밖과의 소통성은 부족했습니다. 한국은 다종교사회입니다. 무속, 유교, 불교, 기독교가 공존하고 있습니다. 그리스도인이라 해도 여전히 유교적 가치관으로 생활하고, '명복'(冥福), '귀신'(죽은 사람의 영), '인연' 등 무속적이거나 불교적인 용어를 자연스럽게 쓰고 있는 게 현실입니다. 이 책은 기독교가 이들과 어떻게 같고 다른 정체성을 가지는지, 과학계의 최근 성과와 기독교 창조론은 어떤 관계를 맺는지 드러내려 노력했습니다. 아울러 기독교에서 믿는 것들이 지금 우리의 삶과 어떤 관계가 있는지 알리는 데도 힘썼습니다. 기독교에 첫발을 들여놓는 분들은 물론, 이미 신자인 분들도 기독교의 정체성이 무엇인지 확인하는 데 유익하리라 기대합니다.

2장에서는 교회의 신앙생활에 대해 안내합니다. 특히 교회에 처음 나온 새신자를 위한 친절한 가이드가 될 것입니다. 성경은 어떻게 읽고, 기도는 어떻게 하는지, 예배와 모임에 참여하는 방법, 하나님을 사랑하고 이웃을 사랑하며 하나님의 자녀답게 살아가는 법에 대해 이야기합니다.

3장의 신앙 에세이는 60년 가까이 하나님을 믿고 있는 제 신앙 수필입니다. 제 이야기도 있고, 다른 신자들 이야기도 있습니다. 모두 그리스도인이 세상에서 어떻게 사는지 보여주는 글입니다.

지극히 개인적인 고백이고 해석이지만, 저는 예수님이야말로 인간다운 인간의 모델이라고 생각합니다. 예수님은 신화를 비롯해 각종 이야기를 통해 인류가 상상해온 이상적 인간의 실현이요 성취라고 봅니다. 예컨대, 동양의 고전 『주역』에서 길(吉)하게 여기는 인간을 '겸손한 사람'

으로 제시하고 있는데(謙卦), 예수님이야말로 그런 분입니다. 본질상 하나님이면서 인간 구원을 위해 사람의 몸을 입고 오실 만큼 겸허한 분이니까요. 한국에서 최고로 중요시하는 효도에 비추어서도 최고 효자입니다. 십자가에 달려 죽으면서까지 어머니 마리아를 챙겼으니까요. 선비, 보살이란 개념을 적용해도 끝판왕은 예수님이라고 봅니다. 성경의 표현대로 확실히 '두 번째 아담'이 맞습니다. 예수님은 "나는 길이요 진리요 생명"이라고 하신 그분의 말씀과 딱 들어맞아, 평생 추앙하며 닮아볼 만한 분입니다. 아리스토텔레스가 말한 미메시스 이론에 따르면 인간은 모방 본능이 있다고 하는데, 바로 우리가 모방하여 재현해야 할 최고의 모델은 예수님이라고 확신합니다. 지·정·의를 겸비한 이분처럼 살다 보면, 진·선·미는 물론 성(聖)에까지 접근할 수 있으리라 믿습니다.

이 책은 차례대로 읽어도 좋고, 궁금한 것부터 먼저 읽어도 괜찮습니다. 새신자를 양육할 경우 필요한 항목만 발췌해 다루고, 나머지는 각자 읽고 질문하도록 하는 것도 좋겠습니다. 이 책을 읽는 독자 여러분이 아무쪼록 이를 징검다리 삼아 더 넓고 깊은 기독교 복음의 세계로 나아가기를, 진리 안에서 더 풍성한 자유를 누리기를 기원합니다. 성경 본문 인용은 특별한 경우가 아니면 새번역 성경을 따랐습니다.

기독교 복음의 세계로 저를 인도하시고, 이 책을 쓸 수 있도록 은혜를 내려주신 하나님께 감사합니다. 출판비를 지원해준 우리 산성교회, 중국과 한국의 명언·명구 자료를 제공해준 임헌규 선생님, 『교회에서 쓰는 말 바로잡기』에 이어 이 책도 흔쾌히 맡아준 새물결플러스 김요한 대표님, 고맙습니다.

차례

1장

기독교는 무엇을
어떻게 믿는가?

사람에게만 종교가 있습니다. 호모 사피엔스 단계에 이르러서야 언어 능력과 함께 종교적 인지 능력이 생겼다는 게 최근 과학계의 보고입니다. 종교심은 AI(인공지능, 요즘의 챗봇 '챗GPT')와 구별되는 인간만의 특성인 셈입니다.

"행복이란 자신이 지닌 능력을 충분히 발현한 상태다." 아리스토텔레스의 말입니다. 이 말을 종교와 관련지으면, 우리가 지닌 종교적 본성과 능력을 충분히 발휘해야 행복할 수 있다 하겠습니다.

그래서 그럴까요? 우리 민족도 5천 년 역사 가운데 계속해서 다양한 종교를 믿고 있습니다. 샤머니즘(무속), 유교, 불교, 도교를 먼저 받아들였고, 맨 나중에 기독교를 받아들였으며, 지금까지 공존하고 있습니다.

기독교는 무엇을 어떻게 믿을까요? 기독교에서 중시하는 15가지 항목에 대해 알아보겠습니다. 다른 종교와는 어떻게 다르고, 우리 삶과는 어떤 관계가 있는지에 대해서도 살펴보겠습니다.

1

성경

기독교의 경전은 성경입니다. 기독교를 가리켜 흔히 "책의 종교", "한 책의 종교"라고 합니다. 경전보다 주문이나 기도, 종교 의례의 비중이 큰 다른 종교와 달리 기독교(특히 개신교)는 경전인 성경을 매우 중시합니다. 종교개혁의 구호 중 하나가 "오직 성경!"인 것만 봐도 그렇습니다. 성경이 가르치는 대로 믿고 사는 종교가 기독교입니다. 목회자의 말이라도 성경과 어긋나면 따르지 않습니다. 기독교는 모든 것의 기준이 성경의 가르침입니다.

인쇄술이 발명된 이래 전 세계 **최고의 베스트셀러**가 무엇인지 아세요? 성경입니다. 연간 1억 권 정도가 팔리고 있으며 2,500여 개 언어로 번역되어 읽히고 있습니다. 셰익스피어의 작품 번역도 100여 개 언어를 넘지 못합니다. 성경이 그만큼 보편적인 가치를 지니고 있다고 충분히 **검증된 책**인 셈이지요. 최고의 지혜를 담은 책이라 하겠습니다.

그런데도 이 성경을 제대로 읽어보지도 않은 채 성경을 근거로 형성된 기독교를 부정하는 이들이 많습니다. 안타까운 일입니다. 명화 〈벤허〉의 작가 루 월리스의 이야기를 아시나요? 그는 성경이 거짓임을 증명하려고 성경에 대한 모든 책을 연구하다가 도저히 부정할 수 없게 되었고, 마침내 성경이 진리임을 깨닫게 됩니다. 그 사실을 알리려고 만든 영화가 〈벤허〉라죠.

불교와 유교에도 경전이 있습니다. 불교에는 팔만대장경이라는 어마어마한 규모의 불경이 있고, 유교에는 사서삼경이 있습니다. 하지만 성경만큼 지속적인 영향력을 끼치지는 못합니다. 시대와 지역을 초월해 성경만 계속 베스트셀러 자리를 지키고 있습니다. 그만큼 사람들에게 보편적인 공감을 불러일으켰다는 얘기겠지요. 성경은 오랜 세월 다수의 독자로부터 검증을 받은 책입니다. 우리가 죽기 전에 읽어야 할 책이 아주 많지만, 성경처럼 검증된 책부터 자세히 살펴봐야 하지 않을까요?

성경은 어떤 책일까요? 聖經(거룩할 성, 경서 경)이란 한자어를 직역하면 '거룩한 책'입니다. 다른 책을 세속적인 책, 인간적인 책이라고 한다면, 성경은 특별한 책이라고 할 수 있습니다. **성경은 구약(舊約, Old Testament)과 신약(新約, New Testament) 두 부분으로 이루어져 있습니다.** 구약은 글자 그대로 '옛 약속'입니다. 구원자 예수 그리스도가 오실 거라는 약속이 담긴 책이지요. 신약은 '새 약속'입니다. 구약에서 약속한 구원자가 이미 오셨다는 선언이며, 부활하여 하늘에 오르신 그분이 다시 오시리라는 약속을 담은 책입니다. **성경은 구약 39권, 신약 27권으로 66권의 합본**입니다. 원래는 각각의 책이 두루마리 형태로 전해지다가 지금은 '성경전서'(聖經全書)라는 이름으로 한데 묶여 있습니다.

성경은 몇 가지 면에서 특별합니다. 세 가지만 말해볼까요?

첫째, **진실합니다.** 예컨대 예수님의 족보를 소개하면서 불미스러운 일도 삭제하지 않았습니다. 예수님의 인간 조상 중에 시아버지와 며느리가 동침하여 태어난 사람도 있고, 기생 출신인 여성도 있다고 그대로 적었습니다. 이 세상 족보 중에 이렇게 솔직한 족보는 없습니다.

둘째, 성경은 40여 명이나 되는 사람들이 1,600년 정도(기원전 15세기-기원후 1세기)의 세월을 거쳐 기록했으면서도 **주제가 일관적입니다.** 성경을 펼쳐보면 우리를 구원할 자, 즉 메시아에 대한 약속으로 일관되어 있습니다. 사람이 쓴 책이라면 그럴 수 없습니다. 여기서 한 가지 밝혀 둘 게 있습니다. 히브리어와 그리스어로 기록된 성경의 원전은 남아 있지 않습니다. 한지와 달리 수명이 짧은 파피루스나 양피지에 적혔던 성경 원본은 시간이 흐르면서 없어지고, 구텐베르크의 인쇄술이 나와 인쇄 출판하기까지 손으로 베끼고 다시 베꼈던 사본들만 남아 있습니다. 그러다 보니 아주 지엽적인 오류도 있으나, 하나님이나 기독교의 정체성에 관한 내용에는 전혀 오류가 없다는 것이 성경학자들의 결론입니다. 하나님의 섭리가 아닐 수 없습니다.

셋째, 신약은 **사건이 일어난 때와 기록한 때의 차이가 비교적 적습니다.** 성경의 중심인물인 예수의 삶에 대한 기록이 그렇습니다. 사건의 시기와 기록의 시기가 이렇게 가까운 기록은 거의 유례가 없습니다. **서양 고전의 경우** 기원후 116년경 역사가 타키투스가 쓴 『로마 제국의 역사』 첫 여섯 권의 사본은 오늘날 딱 하나밖에 없는데, 기원후 850년경에 필사된 것입니다. 11권부터 16권까지는 11세기경의 사본이 있고, 7권부터 10권까지는 분실되었지요. 기록 시기와 사본 사이에 최소한 700년 정도나 차이가 있습니다. 호메로스의 『일리아스』는 기원전 8세기경에 쓰였습니다. 그 고대 사본은 모두 1,565개이고, 그중 현전 최고 사본은 기원후 3세기 것으로서 원작으로부터 무려 1,100년 이후의 것인데도 우리는 신뢰하고 있습니다.

신약은 어떨까요? **현전 가장 최초의 신약 사본은 요한복음으로서 기원후 100-150년대의 것입니다. 어떤 학자는 이 사본의 연대가 기원후 98-117년까지 거슬러 올라갈 수 있다고도 합니다.** 뒤의 견해가 맞을 경우 요한복음은 요한이 처음 기록한 시기와 거의 같거나 늦어도 30년 정도 차이밖에 안 납니다. 기록 시기로 보아 가장 이른 것은 갈라디아서입니다. 기원후 48-49년 혹은 52-57년에 기록되었다고 하니 요한복음보다 더 이릅니다. 부활 사건을 전하는 고린도전서는 기원후 53-55년이니, 부활 사건과의 거리가 겨우 30여 년밖에 되지 않습니다. 부활에 대한 증언은 부활 사건 후 2년 이내의 것입니다. 그 내용이 거짓이었다면 갈라디아서, 고린도전서 등은 당대에 벌써 배척받아 사라졌을 것입니다. 아울러 성경의 사본은 고대 사본 중 가장 풍부하다 할 수 있습니다. 그리스어 사본만 5,843개가 되며, 쌓아놓으면 1,600미터나 된다니 이런 경우는 유례를 찾기 힘듭니다.

불교 경전인 불경은 어떨까요? 기원전 5세기에 죽은 석가모니 사후 50년경부터 구전 형태로 전하다가, 기원후 1세기부터 기록된 팔리어, 산스크리트어 원시불경 「숫타니파타」, 「니까야」, 「아함경」 등의 초기 불경이 최초입니다. 석가모니 사후 600년쯤인 셈이죠. 대승경전은 기원후

8세기에 완성되었으며, 그 사이에 석가모니의 신격화가 이루어집니다. 유교의 경전인『논어』가 지금 우리가 보는 형태로 만들어진 것은 위나라 하안(何晏, 190-249)에 와서라고 하니, 공자 사후 700년 후쯤입니다.

참고로 경전은 아니지만 **우리나라 고전 작품들도** 원작과 현재 전하는 사본 사이에는 엄청난 시간 간격이 있습니다. 예컨대 허균의『홍길동전』은 1618년경까지 창작된 것인데, 현전하는『홍길동전』한글본은 250년 정도 뒤인 19세기 중반의 것들부터만 남아 있습니다. 그런데도 철석같이 허균이 지은 최초의 한글소설이라 믿지요.

끝으로 하나, **성경에 대한 오해**를 바로잡고 싶습니다. **성경은 과학 책이 아닙니다.** 창세기 기록을 근대의 과학 정보를 적은 책으로 보는 오류를 범해서는 곤란합니다. 이른바 젊은지구창조론에서 창세기 1장의 6일을 문자적으로 보아 24시간인 6일로 계산해, 우주와 지구의 나이를 6천 년 정도밖에 안 되었다고 설명하였는데 이는 잘못입니다. 오랜 시간에 걸친 창조는 과학적인 사실로서 받아들여야 합니다. 성경은 기록 당시 독자의 수준에 맞추어 저들이 이해할 수 있는 언어로 적은 책, 특히 **구원의 지혜를 담은 책**으로 보아야 합니다. 곧 **과학 이상의 궁극적인 무엇을 가르쳐주는 책**으로 읽어야 합니다. 성경은 과학이 설명하지 않는 문제, 누가 왜 만들었는가에 초점을 맞추고 있습니다. 에덴에서 추방되어 하나님과 분리된 인간이 다시 하나님 자녀가 되어 에덴으로 복귀하기까지의 과정, 즉 인간 구원의 스토리가 성경입니다.

더욱이 **신약성경 4복음서(마태복음, 마가복음, 누가복음, 요한복음)는 예수 그리스도의 언행을 기록한 책으로서 특별합니다.** 이분은 말만 한 것이 아니라 그 말대로 살다가 우리를 위해 죽어주신 유일한 분이기 때문입니다. 하나님인데도 지상으로 내려와 인간의 몸으로 태어나서, 하나님이 어떤 분인지 시청각 교재처럼 말과 행동으로 구체적으로 보여주셨습니다. 다른 책은 그만두고라도 이 복음서는 반드시 읽어야 합니다. 마하트마 간디도 마태복음 5-7장의 산상수훈은 애독했다고 하잖아요? 본질상 인간의 지혜를 담은 다른 경전이나 고전과는 차원이 다른 책이 복음서입니다.

백문이불여일견!(百聞而不如一見) 부뚜막의 소금도 집어넣어야 짭니다! 성경책 꼭 읽어보세요. 새번역 성경은 아주 쉽습니다. 성경을 읽다가 삶이 변화된 사람, 세상을 변혁한 사람이 아주 많습니다. 우리도 그 주인공이 될 수 있습니다. 저는 여러 종류의 번역본을 바꿔가며 읽고 있습니다. '개역한글', '개역개정', '공동번역', '새번역', '관주해설'에 이어 '취리히 성경해설'도 읽으며, 더러 영어성경도 참고 삼아 봅니다. 날이 갈수록 더 쉽고 정확한 번역본이 계속 나와서 그렇습니다. 제게 신앙이 있다면, 아마 이렇게 지속적으로 성경을 읽고 묵상한 결과일 것입니다. 많고 많은 책 가운데 최고의 고전인 성경을 여러 번 읽고 있으니 행복입니다.

- 성경 없이는 세계를 올바르게 다스릴 수 없다. _조지 워싱턴
- 성경은 세계 사람들을 가장 훌륭하게 만들 수 있다. _토마스 제퍼슨
- 내가 믿기로는 성경은 하나님께서 인간에게 주신 최대의 선물이다. _에이브러햄 링컨
- 이 세상에서 아무리 심오한 역사를 보아도 성경에 나오는 기록만큼 정확성을

가진 것은 없다. _아이작 뉴턴

• 성경이 없으면 현대사회에서의 자녀교육은 불가능하다. _레프 톨스토이

• 성경은 결코 싫증을 일으키지 않는 유일한 책이다. _카알 힐티

• 유교에서는 성인(聖人)의 창작을 경(經)이라 하고, 현인(賢人)의 저술을 전(傳)이라고 한다(聖人制作曰經, 賢人著述曰傳). 씨줄인 경(經)은 시공을 초월한 보편적인 진리를 담고 있다는 뜻이며, 전(傳)이란 경을 주석하여 전한다는 뜻이다. _『박물지』(博物志)

• 사서삼경(四書三經)은 우리 도(道)의 나침판이다. _다산 정약용

• 불경에는 경(經)·율(律)·논(論)의 세 가지가 있다. 석가의 가르침을 경(經), 윤리·도덕적인 실천규범을 율(律), 논리적으로 설명한 철학 체계를 론(論)이라 한다. 이 세 가지를 모은 것을 각각 경장(經藏)·율장(律藏)·논장(論藏)이라 한다. _불교사전

2
하나님

대부분의 종교는 신 또는 거룩한 것을 믿습니다. 기독교가 믿는 신의 우리말 이름은 '하나님'입니다. 이스라엘에서는 '야웨'라 하고, 영어권에서는 'God'이라 하지요. 가톨릭에서나 애국가에서는 '하느님'이라고 하지만, 개신교에서는 '하나님'입니다. 하나밖에 없는 분이라는 뜻을 강조해서 그렇게 부르고 있습니다. **어원은 '하늘'에서 왔지만, 기독교의 유일신 개념을 더해 '하나님'으로** 부르고 있지요. 우리말에서 하나(一)는 '하나', 하늘(天)은 '하늘'로 엄격히 구분해 적었으므로, 하늘님에서 'ㄹ'이 탈락한 '하느님'의 어원은 '하늘'(하늘)이지, '하나'(하나)와는 무관한 것이 사실이긴 합니다.

조금 더 설명해볼까요? 선교사들이 영어의 God을 어떻게 적을지 고민했습니다. 한자로 적을까, 우리말로 번역할까 논쟁하다 우리말로 하기로 해 오늘에 이르고 있습니다. 신(神), 상제(上帝) 같은 한자어로 할 것인가, 우리가 써오던 '하느님'으로 할 것인가 논의하다 한국 민중이 써오던 '하느님'을 채택한 거죠. 참 잘한 일입니다. 게다가 아(ㆍ) 표기가 퇴장하여 하나님으로 적게 되면서, '하나님=하느님(최고신)+유일신'이라는 개념이 자연스럽게 퍼져 오늘에 이른 것이죠.

기독교에서 믿는 하나님의 특징은 무엇일까요? 세 가지로 말해보겠습니다.

첫째, **최고신으로서 유일신이자 창조신**입니다. 불교만 해도 부처가 여럿입니다. 석가여래불, 비로자나불, 미륵불, 약사여래 등등 다양합니다. 그러나 부처가 창조주라는 설명은 없습니다. 우리 각자가 본질상 부처라고 하죠. 일본에서 섬기는 신도 아주 많으며, 인도의 힌두교에서도 헤아릴 수 없이 많은 신을 믿습니다. 일본 국기에 있는 붉은 태양은 태양신을 상징합니다. 하나님의 피조물인 태양을 신격화하고 있는 것이지요. 일본에서는 태양신의 대리자가 천황이라 믿고 있습니다. 이와는 달리 그 태양을 만든 창조신인 하나님을 믿는다는 점에서 기독교는 유대교나 이슬람교와 같습니다.

둘째, **아버지 하나님**입니다. 세상 어떤 종교도 그 신을 아버지라고 하지는 않습니다. 유교에서 천(天)을 의인화하여 상제(上帝)라 하기도 하지만, 이 상제를 아버지라고 부르지는 않습니다. 『조선왕조실록』을 보면 세종조에 김호연이라는 사람이 '천부'(天父)라는 표현을 썼다가 당국의 조사를 받는 사건이 기록되어 있습니다. 유교의 나라 조선에서는 상제, 즉 하느님을 아버지라고 부를 수 없었던 분위기를 잘 보여줍니다. 불교에서도 부처님을 아버지라고 하지는 않습니다. 무속 역시 몸주신더러 아버지라 하지는 않습니다. 유대교와 이슬람교도 야훼 아버지, 알라 아버지, 이런 표현은 하지 않습니다. 구약 어디에서도 하나님을 아버지라고 부르지 못합니다. 신약에 와서야 예수님이 비로소 하나님을 아버지라고 소개합니다. 관계가 아주 가까워진 것이지요. 특히 요한복음 14장, 17장에 '아버지'라는 표현이 집중적으로 나옵니다.

> 내가 아버지 안에 있고 아버지께서 내 안에 계시다는 것을, 네가 믿지 않느냐? 내가 너희에게 하는 말은 내 마음대로 하는 것이 아니다. 아버지께서 내 안에 계시면서 자기의 일을 하신다(요 14:10).

저희 아버지는 저를 참 사랑해주셨습니다. 없는 살림에도 도시에 유학을 보내 더 넓은 곳에서 더 많이 배울 수 있게 해주셨습니다. 양식도 보내주고 입학금도 주셨습니다. 저는 아버지가 서울에 오시면 꼭 아버지 손을 잡고 자거나 아버지 가슴에 손을 얹고 잤습니다. 그렇게 가깝고 좋은 게 아버지입니다. 우리 하나님은 그런 분입니다. 아버지처럼 저를 돌보시고, 뭘 달라면 주시는 분입니다. 그러니 마음 놓고 무엇이든 기도할 수 있습니다. **예수님이 가르쳐주신 기도문도 바로 이 하나님을 아버지로 부르면서 시작합니다.**

> 하늘에 계신 우리 아버지, 아버지의 이름을 거룩하게 하시며 아버지의 나라가 오게 하시며, 아버지의 뜻이 하늘에서와 같이 땅에서도 이루어지게 하소서. 오늘 우리에게 일용할 양식을 주시고, 우리가 우리에게 잘못한 사람을 용서하여 준 것같이 우리 죄를 용서하여 주시고, 우리를 시험에 빠지

지 않게 하시고 악에서 구하소서. 나라와 권능과 영광이 영원히 아버지의
것입니다. 아멘.

이 기도를 가르쳐주면서 하신 예수님의 말씀은 더욱 놀랍습니다. "하나
님 너희 아버지께서는 너희가 구하기 전에 너희에게 필요한 것이 무엇인
지를 알고 계신다." 다른 신들은 우리가 기도해야만 비로소 우리의 필요
가 무엇인지 알지만, 하나님은 그렇지 않다는 말씀입니다. 어렸을 적에
우리의 울음소리와 안색만 봐도 우리가 무엇을 원하는지 알아차리고 돌
본 부모님처럼 그렇게 우리를 잘 알고 계시는 분이 하나님입니다. 이 하
나님을 아버지로 부르고 기도하며, 그 자녀로서 당당히 살아가라는 말씀
이죠.

주기도에서 하나 더 주목할 게 있습니다. 그냥 '아버지'가 아니고 '우
리' 아버지라고 표현하신 점입니다. 한 개인만의 아버지가 아니라, 이 세
상 모든 사람의 아버지인 하나님을 잊지 말라는 것이죠. 마치 제가 저희
아버지를 대할 때 아버지가 저뿐만이 아니라 다른 형제와 자매들까지도
함께 챙겨야 하는 분이라는 사실을 명심해야 하듯이 그렇게 기도하라는
가르침이 아닐까요? 이런 점이 기독교 하나님의 중요한 특징이기도 합
니다. 이른바 보편성·공공성을 지닌 분으로 섬겨야 하는 것이지요.

셋째, 역사 속에서 일하시는 분입니다. 세상을 창조하고 나서 지켜
만 보는 신이 아니라 적극적으로 개입하시는 하나님입니다. 출애굽 사건
이 대표적 사례입니다. 하나님은 430년간 종살이하는 이스라엘 사람들
의 신음을 듣고, 모세를 준비해 구출해내도록 역사하셨습니다. 성경 전

체가 거대한 스토리입니다. 우주 창조에서부터 종말에 이르기까지의 이야기입니다. 이 하나님이 우리 한 사람 한 사람의 삶도 인도하고 섭리하십니다. 이 하나님을 모시지 않고 사는 사람은 고아와도 같습니다. 너무 외롭고 힘든 인생을 살다 가는 것이지요.

- 하나님을 아는 것으로부터 하나님을 사랑하기까지는 그 얼마나 먼가. **_파스칼**
- 무릇 존재하는 것은 하나님 속에 있다. 하나님 없이는 아무것도 존재하지 않으며 또 이해되지 않는다. **_스피노자**
- 사람은 하나님 곁에서 멀리 떠날 때 불안하다. 하나님의 품 안에서만이 자기를 편안하게 할 수 있다. 왜냐하면 하나님은 결코 변하지 않으시니까. **_앙드레 지드**
- 하나님만이 영원히 우리의 관심이다. 다른 모든 것들은 우리가 그 깊이를 가늠할 수 있지만, 하나님은 항상 우리의 생각을 초월하고 계셔서 우리는 설명할 수도 논파할 수도 없다. 하나님은 영리하시다. 그러나 거짓말은 안 하신다. **_아인슈타인**
- 하늘의 명을 성(性)이라 하고, 그 성(性)에 따르는 것을 도(道)라 하며, 그 도를 닦는 것을 교(教)라 한다. **_중용**
- 나를 아는 자는 없을 것이다.…하늘을 원망하지 않고, 남을 탓하지 않고, 아래로 인사(人事)를 배워 위로 하늘과 통했으니, 나를 아는 자는 하늘일 것이다. **_공자**
- 하늘이 나에게 덕(德)을 내려주셨다. **_공자**
- 하늘이 생명을 부여하자마자 이 명(命)도 있게 마련이다. 또 살아가는 동안에는 이 명은 시시각각 계속되고 있는데, 곡진하게 명령하지는 않지만 할 수 없어서 그러한 것은 아니다. 하늘의 말은 도심(道心)에 깃들어 있으니 도심이 경고하는 것은 황천이 명하신 경계나 다를 바 없다. 남은 듣지 못하더라도 나만

은 홀로 똑똑히 들으니 이보다 자세하고 이보다 엄할 데 없는데 가르치듯 깨우쳐 주듯 하니, 어찌 곡진하게 명령할 따름이겠는가? _다산

3

창조

이 세상과 생명은 어떻게 만들어졌을까요? 우연히? 아니면 창조자가? 견해가 둘로 갈라져 있습니다. 전자를 진화론, 후자를 창조론이라 합니다. 이 문제는 중요합니다. 나를 우연의 산물로 보느냐, 창조자의 피조물로 보느냐에 따라 우리 삶의 방향과 내용이 달라지기 때문입니다.

대다수 사람은 진화론이 과학적인 검증을 거친 정설이라고 알고 있습니다. 아닙니다. 가설입니다. 실험을 통해 입증하기는 어렵기 때문이죠. **기원 문제는 과학적인 실험으로 입증할 수 있는 문제가 아닙니다.** 천문학을 비롯해 여러 과학의 발전으로 우주의 시작이 138억 년쯤이라는 것, 46억 년 전쯤에 지구가 만들어졌다는 게 밝혀졌습니다. 하지만 이 지구에 첫 생명체와 첫 인간이 어떻게 출현했는지, 이른바 **'생명의 기원'** 문제는 여전히 수수께끼입니다. 예컨대 빅뱅이론의 경우 대폭발을 일으킨 에너지가 어디에서 왔는지, 어떻게 38억 5천만 년 전에 탄소, 물, 아미노산 등의 화학물질이 결합해 자기복제가 가능한 단세포 생명체가 탄생했는지, 그것이 분화하여 마침내 2만 5천 년쯤 빅브레인(big brain, 두뇌)을 지닌 인간(호모 사피엔스)이 어떻게 출현했는지 여전히 미지수입니다.

한 가지 확실한 것은 지구에 인간이 존재할 수 있도록 빅뱅에서부터 **'미세조정'(fine-tuning)되어 있다는 점입니다.** 초기 조건(중력의 힘, 전자기장의 세기, 우주의 팽창 속도와 밀도 등)이 조금이라도 달랐더라면 지금의 지구와 인간은 존재할 수 없었을 것이라는 게 과학자들의 견해입니다. 기독교계에서는 이를 하나님이 계시는 증거로 삼고 있습니다. 하나님이 우주를 그렇게 설계하셨거나, 그 과정에 개입하셨거나, 자연에 그런 잠재력을 부여하신 것으로 이해합니다.

기독교에서는 성경을 근거로 창조론을 주장하고 믿습니다. 이 세상 종교의 경전 가운데 성경처럼 이 문제에 대하여 자신 있게, 누가 왜 창조했는지 말해주는 책은 없습니다. 성경에서만 창조론을 말하는 것은 아닙니다. 동양에서 전래적으로 써온 '조물주'(造物主)라는 표현 역시 만물을 만든 초월자가 있다는 생각을 반영하고 있습니다. 성경의 창조주 개념이 들어오기 전에도 이미 그런 생각을 했던 것입니다. 성경이 들어오면서 종래의 조물주 개념이 성경의 설명을 통해 좀 더 명료해지고 구체화했습니다. 창조론 역시 과학으로 검증하기는 어렵습니다.

창세기 1장에서 말하는 창조("태초에 하나님이 천지를 창조하셨다", 창 1:1)**는 어떤 개념일까요?**

(1) 우리말 '만들다'가 히브리어로는 두 가지로 구분됩니다. '바라'와 '아사'가 그것입니다. **'바라'는 무(無)에서 유(有)를 만드는 것, 즉 창조(create)를 가리킵니다.** 오직 하나님이 주어인 문장에서만 사용됩니다.

'아사'는 이미 있는 것으로 무엇을 만드는 것(make)을 말합니다. 창세기 1장에서는 '아사' 동사가 6절(궁창), 11절(열매 맺는 나무), 16절, 25절 등에 사용되었습니다. 이 세상은 하나님 말씀으로, 하나님 능력으로 이루어진 것입니다. 하나님이 제1원인입니다. 빅뱅이론을 인정한다 하더라도 빅뱅이 제1원인이 아닙니다. 빅뱅을 가능하게 한 에너지의 원천은 미지수인데, 성경에서는 이를 하나님이라고 합니다.

이 하나님을 믿으면 어떤 변화가 일어날까요? 감사할 수 있습니다. 미래에 대해서도 안심할 수 있습니다. 창조의 하나님이 공급하고 섭리하실 것을 믿기에 그렇습니다. 출애굽기에 나오는 만나 기적의 의미도 여기 있습니다. 아브라함이 100세에 이삭을 낳은 기적도 이것을 보여줍니다.

(2) 창세기 **1:2의 말씀**("땅이 혼돈하고 공허하며, 어둠이 깊음 위에 있고, 하나님의 영은 물 위에 움직이고 계셨다")**은 두 가지 해석이 가능합니다.** 하나님이 창조한 세상의 처음 모습이 이런 상태였다는 것을 말한다고 볼 수도 있고, 창조하기 전의 상태를 의미한다고 볼 수도 있습니다. 전자는 1절에서 창조한 세상이 타락하여 무질서 상태로 바뀐 것을 하나님이 재창조하신 셈이지요. 후자는 원래 세상은 무질서하고 위험한 곳인데, 하나님의 영이 운행하면서 통제하여 질서 정연한 상태로 바꾸어주신다는 사실을 알려주어 우리가 용기를 가지게 합니다.

(3) 기독교의 창조론은 **세계와 인간의 주인이 하나님이라는 사실**을 알려줍니다. 만든 이에게 소유권이 있습니다. 성경에서는 이 사실을 표현하기 위해 창조할 때마다 이름을 부여합니다. 고대 근동(중동) 사회에

서는 이름을 지어서 부르는 사람이 소유권을 행사하였습니다. 상품마다 누가, 어떤 회사가 만들었는지 소유권자가 표시되어 있습니다. 지적 소유권까지 있습니다. 이것을 침해하면 처벌받습니다. 이 세계와 인간에게는 주인이 있는데, 그분이 하나님입니다. 내 것인 양 함부로 다루면 처벌받습니다. 주인이신 하나님의 뜻에 맞게 대하고 다뤄야 합니다. 환경보호와 인격 존중의 이유도 여기 있습니다. 창세기가 아니면 왜 인권을 존중해야 하는지 근거를 댈 수가 없답니다. 유네스코 인권위원회에서 오래 근무한 어느 분이 한 말입니다.

(4) 처음 세상이 참 좋았다고 성경은 말합니다. **처음에 하나님이 만드신 세상과 인간은 완벽**했는데, 죄가 들어오면서 모든 게 좋지 않게 변질되었다고 성경은 가르칩니다. 다시 회복하는 과정이 지구와 인간의 역사입니다. 이를 위해 오신 분이 예수 그리스도이십니다. 그분을 믿고 영접해서 그 말씀대로 살 때 에덴은 회복됩니다. 하늘나라가 이루어집니다. 그런 사람들이 가득한 나라가 천국이고 새 하늘 새 땅입니다. 이곳에서 누리다 그곳에서 영원히 살 것입니다.

창조론을 선택할 것인가, 아니면 우주와 생명이 우연히 만들어졌다는 진화론을 따를 것인가? 둘 다 과학으로 증명하기는 어렵습니다. 어느 쪽을 선택할 것인지는 자유입니다만, **선택의 결과는 우리의 삶에 영향을** 미칩니다. 저는 창조론을 믿기에 이 땅, 이 시대에 저를 태어나게 하신 하나님께 감사하며 삽니다. 그분이 제게 바라시는 삶이 무엇일지 생각하며 하루하루를 살아가니 늘 긴장되면서도 기쁨이 넘쳐 좋습니다. 이웃은 물론 그분이 창조하신 모든 것을 바라보며, 그 모든 것에 깃들인 하나님의 신비한 손길에 감격하며 살아갑니다.

- 창조는 어렵고 모방은 쉽다. _**콜럼버스**
- 신은 하늘과 땅 및 그 사이에 존재하는 모든 것을 창조했다. _**데카르트**
- 창조주는 그가 지은 만물 속에서 자신을 드러낸다. _**타고르**
- 세상에서 가장 어려운 수수께끼는 '인간이 어떻게 우주를 이해할 수 있게 되었는가'다. _**아인슈타인**
- 하늘은 뭇 백성들을 낳으시고, 사물마다 법칙이 있도록 하였다. 백성들이 떳떳함을 간직하고 이 아름다운 덕을 좋아한다. _**『시경』, 「대아, 증민지편」**
- 나는 말을 하지 않으려고 한다.…하늘이 무슨 말을 하던가? 사시(四時)가 운행되고 온갖 만물이 생장하는데, 하늘이 무슨 말을 하던가? _**공자**
- 대저 상제(上帝)란 누구인가? 상제란 천지와 신과 인간의 밖에서 천지와 신과 인간과 만물 따위를 창조, 변화시키며, 편안하게 양육하는 자다. _**다산**

4
인간

"너 자신을 알라!" 유명한 말이죠. 우리에게 가장 어려운 질문이 "인간이란 무엇인가?"입니다. 바깥 세계에 대해서보다 우리 자신을 아는 게 더 힘들죠. 각 분야마다 인간이 누구인지 설명하려 노력하고 있지만 아직 정답은 없는 듯합니다.

성경 창세기 1-3장에서 이 질문에 답을 제시합니다. 기독교의 성경은 **아담을 인간의 대표 또는 원형으로 설명**합니다. 아담은 누구일까요? 문자 그대로 최초로 탄생한 인간, 즉 호모 사피엔스로 보기도 하고, 최초의 인간 집단에서 특별한 테스트를 진행할 목적으로 하나님이 선택하신 존재로 보기도 합니다.

어떻게 보든 **하나님이 이 인간을 흙으로 빚어서 만든 다음 그 코에 생기를 불어넣음으로써 생령(사람)이 되었다고 성경은 서술합니다.** 성경의 배경이 되는 고대 중동에 신들이 인간을 창조하는 이야기가 널리 퍼져 있었는데, 대개는 신들의 살과 피를 섞어 인간을 만들었다고 합니다.

하지만 창세기는 오직 흙으로 만들었다고 설명합니다. **인간의 주재료가 흙이라는 사실**은 인간이 흙처럼 부서지기 쉬운 존재, 곧 연약하고 유한한 존재라는 것을 의미합니다. 이 표현은 인간의 본질 곧 정체성에 관한 이야기이지, 진짜로 흙을 재료 삼아 만들었다는 과학적인 이야기는 아닐 것입니다.

성경에서 '흙'으로 번역한 단어는 히브리어로는 '먼지' 혹은 '티끌'에 가깝습니다. 하나님께서 먼지로 인간을 만드신 것입니다. 인간이 먼지 같은 존재라는 사실은 창조주 하나님의 절대성·영원성·무한성에 비추어 볼 때 인간이 얼마나 덧없고 하찮은 존재인지 보여줍니다. 아담이 범죄하자 하나님은 "너는 흙에서 나왔으니, 흙으로 돌아갈 것이다"(창 3:19)라고 선언하셨습니다. 인간은 처음부터 **영생하는 존재가 아니라 사멸할 수밖에 없는 존재**로 만들어졌습니다.

흙에 생기를 불어넣었다는 표현과 관련해, 고대 메소포타미아와 이집트의 유사한 문화를 생각해볼 필요가 있습니다. 그 지역 강 옆의 신성한 숲에서 사람의 형태로 조각상을 만들어 완료 단계에 이르면 그 코에 숨을 불어넣는 의식을 행했는데, 이를 '미스-피'(입 씻기), '피트-피'(입 열기) 등으로 불렀습니다. 그 순간부터 그 조각상은 살아 있는 신으로 변하며, 이어서 그 신상을 신전으로 옮겨다 놓으면, 그 신상이 수호신 역할을 한다고 믿는 풍습이 있었습니다. 이 같은 배경에서 창세기 저자가 하나님이 흙으로 아담을 만들어 그 코에 숨을 불어넣었다고 진술한 것은 어떤 의미일까요? 하나님이 아담으로 대표되는 인간을 하나님을 닮은 조각상, 즉 하나님의 형상으로 창조하셔서 에덴을 잘 지키고 보살피게 하셨다는 것을 뜻합니다. 아담과 하와 부부에게 그 사명을 맡기셨습니다. 곧 **청지기, 마름, 대리자, 대행자, 관리자의 책임**입니다.

이들은 과연 그 임무를 잘 감당했을까요? 그 자격 테스트가 바로 선악을 알게 하는 나무의 열매를 따 먹지 말라는 명령이었습니다. 에덴동산에 있는 모든 나무의 열매를 다 따 먹어도 괜찮지만, 동산 중앙에 있는 선악을 알게 하는 나무의 열매는 따 먹으면 안 된다는 것이었습니다. 선악과의 정체에 대한 여러 해석이 있습니다. '성적인 지식'이라는 설명도 있으나, 생육하고 번성하라는 하나님의 명령에 비추어 보면 납득하기 어려운 해석입니다. '윤리적 지식'이 선악과의 정체라는 해석도 있으나, 이 능력이야말로 동물과 구별되는 인간의 특성이니 받아들이기 어렵습니다. '남을 판단하고 정죄하는 능력'이라는 설명도 있고, '인간의 자율성', 즉 인간 스스로 만들어낸 가치와 기준으로 살려고 했다는 설명도 있습니다.

그 정체가 무엇인지 아직 정확히 알 수는 없습니다만, 한 가지 분명한 게 있습니다. 피조물인 인간이 사탄의 유혹에 넘어가 **감히 창조주인 하나님처럼 되려고 했다는 점**입니다. 자족하지 못하고 욕망의 노예가 되고 만 것이지요. 먹으면 죽는다는 창조주의 말을 무시한 인간이 못할 짓은 아무것도 없습니다. 실제로 인간은 그 후 지금까지 자연을 파괴해왔으며, 인간끼리 해치는 일을 계속하고 있습니다. 제1차, 제2차 세계대전이야말로 하나님을 떠난 인간의 상태를 잘 보여주는 사례입니다. 전혀 이성적이지 않았으며, 발전한 과학기술을 평화적인 데 사용하지도 않았습니다. 기후 붕괴와 핵전쟁을 염려하는 지금도 마찬가지입니다.

이 '선악을 알게 하는 나무'를 둘러싼 논의들이 있습니다. 왜 하나님은 그런 나무를 만들어서 죄를 짓게 했느냐? 만들었더라도 못 따 먹게 하셨어야지 왜 가만 내버려 두어 죄를 짓게 했느냐? 병 주고 약 주는 것 아니냐? 사랑의 하나님이라면서 어찌 그럴 수 있느냐? 이것 때문에 교회 안 다니는 사람도 있습니다.

하나님이 인간을 만드실 때 하나님의 형상을 따라, 하나님의 모양대로 지었다는 표현이 열쇠입니다. 하나님의 형상이란 말은 하나님의 속성이라고도 할 수 있는데, 그중 하나가 자유의지입니다. 무엇을 할 수도 있고 하지 않을 수도 있는 선택의 자유를 지닌 점이지요.

그렇습니다. 하나님은 우리 인간을 만드실 때 로봇이나 자동인형으로 만들지 않으셨습니다. **하나님께 순종할 수도 있고 불순종할 수도 있는 존재로 만드셨습니다.** 그래서 선악을 알게 하는 나무의 열매를 먹을 수도 있고, 먹지 않을 수도 있게 하신 것이지요. 먹으면 죽는다고까지 알려주셨지요. 선택에 따른 책임을 져야 한다는 말씀을 해주신 것입니다. 하와가 하나님을 절대적으로 사랑하고 신뢰하였다면 그 자유를 남용하지 말았어야 합니다. 하와는 선악과를 먹어도 죽지 않는다는 사탄의 말, 즉 오히려 눈이 밝아져 하나님처럼 된다는 그 말을 더 믿고 넘어가 따 먹고 아담에게도 주었습니다. 아담 역시 자유를 잘못 사용해 죽을 길을 선택하고 만 것이지요.

에덴에서 쫓겨난 아담의 후손인 인간은 스스로의 힘으로 바벨탑 같은 성채를 쌓아 자율적으로 구원을 쟁취하려는 시도를 반복합니다. 대제국을 건설하는 것도 마찬가지입니다. 정치, 경제, 예술, 과학기술, 문학,

종교 등을 통해 구원의 길을 모색하는 것이 인간의 역사입니다. 하지만 이는 불가능합니다. 우리 인간은 고작 티끌 같은 존재에 불과하기 때문입니다. 오직 하나님이 다시 그 입구를 열어주시고, 그 안에서 풍성한 삶 곧 신적인 영생의 삶을 주셔야 합니다. 그분이 바로 예수 그리스도입니다. 그분을 통해서만 인간은 다시 그 삶을 회복할 수 있습니다. 이것이 성경이 말하는 인간입니다.

인간은 어디에서 왔고, 어떻게 살아야 하며, 어디로 가는지에 대한 궁금증을 푸는 데는 성경의 설명이 가장 합리적이라 생각합니다. 유교는 어디에서 왔고, 어디로 가는지에 대해서는 자세히 말하지 않고 매우 추상적입니다. 어떻게 살 것이냐에만 관심을 집중합니다. 불교는 어디에서 와서 어디로 가는지에 대해서는 말하지만, 어떻게 살 것인가에 대해서는 설명이 약한 듯합니다. 고려가 불교국가이면서도 유교의 가르침을 수용해 통치했던 것은 이런 이유 때문이 아닐까 싶습니다. 조선은 반대지요. 유교 성리학의 나라이면서도 불교나 무속과 아주 단절하지는 못하였습니다. 세종이 소헌왕후의 천도를 위해 내불당에서 불공을 드린 사례가 가장 대표적입니다.

기독교 성경의 인간관은 비교적 총체적입니다. 이 세 가지 질문에 대하여 일관되게 설명합니다. 하나님에게서 와서, 하나님의 뜻대로 살다가, 하나님께로 돌아가야 하는 존재라는 것이지요. 이를 받아들이고 살면 평생 겸손하게 살 수 있습니다. 흙에 불과한 나를 사람으로 만들어주신 하나님, 하나님의 형상대로 만들어 그분의 대리자로 살게 하신 은혜에 감사하며 살아갈 수 있죠. 다른 사람들도 나와 마찬가지로 그분의 특별한 피조물이니 대등하게 존중할 수밖에 없습니다. 따라서 그리스도인은 사람 위에 사람이 있는 시스템을 거부하고, 하나님을 주님으로 모셔 모두가 대등하게 자유를 누리며 살아가는 세상을 만들어가게 됩니다.

기독교 인간관에서 또 하나 주목할 게 있습니다. **남녀 대등 사상**입니다. 흙으로 빚어졌으면서도 하나님의 형상대로 창조되었다는 점에서 남성과 여성은 같습니다. 아무런 차별이 없습니다. 이는 아래 '부부' 항목에서 더 자세히 설명할 것입니다만, 유교와 비교해서 특별히 주목할 점입니다. 명목상으로는 인간의 평등을 말하지만, 실제적으로는 기질의 차이 등 여러 교묘한 논리를 동원해 신분 차이도 자연질서라고 가르쳤던 게 유교입니다. 천민과 여성은 사회에 참여할 수 없었습니다. 그리스-로마 문화에서도 마찬가지입니다. 신약성경 바울 서신에 자주 등장하는 말 "서로 입맞춤으로 문안하라"가 무슨 의미인지 아시나요? 노예라도 교회에서는 대등한 인간으로 보아 발에 입맞추게 하지 말고, 볼에다 키스하라는 권면이었습니다. 혁명적인 가르침입니다. 구한말 기독교가 들어왔을 때, 기생과 백정 등 여성과 천민들이 교회로 몰려든 까닭도 여기 있습니다. 대등한 인간관, 이는 인류사회에 기독교가 기여한 큰 공적 가운데 하나입니다.

- 신기한 것은 많다. 그러나 인간만큼 신기한 것은 없다. _소포클레스
- 인간은 신이 아니면 동물이다. _**아리스토텔레스**
- 인간은 약하고 타락한 존재로서 서로 다투며 세계의 질서를 비방하고, 자기를 변혁하기보다 하나님을 바꾸려고 한다. _세네카

- 인간은 한 마리의 벌레도 만들지 못하면서 한 다스나 되는 신을 만들고 있다. **_몽테뉴**
- 인간은 부단히 배우는 유일한 존재다. **_파스칼**
- 인간은 두 종류밖에 없다. 자기를 죄인이라고 생각하는 의인, 자기를 의인이라고 생각하는 죄인이다. **_파스칼**
- 인간은 조상보다 동시대의 사람들을 더 많이 닮는다. **_에머슨**
- 인간은 무한히 잔악할 수 있는 힘을 가지고 있다. **_토인비**
- 인간은 하나님을 닮았다는 점에서 모두 평등하며 형제와 같다. **_에리히 프롬**
- 천지 사이에 있는 만물의 무리 중에서 오직 인간이 가장 귀하니, 인간이 귀한 까닭은 다섯 가지 인륜이 있기 때문이다. **『동몽선습』**
- 인간은 모두 요순(堯舜)과 같은 성인(聖人)이 될 수 있다. **_맹자**
- 물과 불은 기(氣)만 있고, 초목은 생명(生)만 있고 지각(知)이 없다. 금수(禽獸)는 지각만 있고 도의(道義)가 없으며, 인간은 기, 생명, 지각, 도의가 다 있다. **_순자**

5

부부

가정의 기초는 부부입니다. 가정이 행복하면 사회도 국가도 세계도 행복합니다. 그 가정이 행복하려면 부부관계가 건강해야 합니다. 그러나 **모든 부부가 행복한 것 같지는 않습니다.**

사람들은 자신이 사는 지역 문화에 영향을 받습니다. 우리나라 사람들은 오랜 세월 동안 유교문화의 영향 아래에서 생활했습니다. 결혼생활역시 마찬가지였습니다. 과연 행복했을까요? 여성들의 규방가사가 그답을 말해줍니다. **"다시 태어나면 남자로 태어나고 싶다"**는 표현이 참 많습니다. 마음대로 공부도 하고 나들이도 하고 싶다고 합니다.

규방가사는 조선 시대 영조 때 양반집 부녀자들 사이에서 유행한 가사입니다. 양반 가정의 여성들이 이 정도이면 하층민은 더 열악했겠지요. 여성들은 일방적인 희생과 순종을 강요당했습니다.

할머니들의 시집살이 체험담을 들어보면 눈물겹습니다. 시집살이하면서 가장 힘든 것이 무엇이었느냐는 물음에, '잠을 실컷 잘 수 없던 것'이라고 답합니다. 낮에는 논밭에 나가 일하고, 밤에는 취사와 빨래에다 아이까지 낳아 기르느라 제대로 숙면한 적이 없었다는 말이지요. 다분히 여성의 일방적인 희생을 강요하는 문화였습니다. 특히 조선 시대 축첩제도는 여러 가지 폐단을 일으켰습니다. 남녀를 차별하는 유교문화가 근본 원인입니다.

유교적 전통 속에서 살아오던 우리에게 새로운 종교인 기독교가 들어왔습니다. 하나님의 영감으로 기록된 책, 기독교의 경전인 성경에서는 부부에게 어떻게 살라고 했을까요? 중요한 구절들을 보도록 하지요. 하나님은 처음에는 남자만 만들었다가 좋지 못함을 아시고 여자를 만들어 '돕는 사람'(배필)으로 주셨습니다(창 2:18). **'돕는 사람'(배필)의 히브리어 원어는 '에제르 케네게도'로서 대등한 돕는 자, 반대하면서 돕는 자란 뜻입니다.** 남자에게 배필을 주신 것은 결혼이 자연스러움을 말해줍니다. 여성을 남성의 갈비뼈로 만든 것은 중요한 부분으로 만들었다는 것으로서 대등함, 떨어질 수 없는 관계, 떨어지면 온전할 수 없는 관계라는 사실을 알려줍니다. 하나님을 아버지로 모신 신자끼리의 결합이 가장 이상적인 만남이라는 점도 암시합니다. 지금 보아도 매우 진보적이고 합리적입니다.

(1) "이제야 나타났구나, 이 사람! 뼈도 나의 뼈, 살도 나의 살!"(창 2:23) 아담이 하와에게 한 말입니다. 분신(또 하나의 자신), 반려자(자신에게 가장 적합한 존재), 대등함(같은 성분), 행복한 관계임을 보여줍니다. 지금 우리는 그렇게 살고 있나요? 아내를, 남편을 그렇게 소중하게 여기나요?

(2) "그러므로 남자는 아버지와 어머니를 떠나, 아내와 결합하여 한

몸을 이루는 것이다"(창 2:24). 부부는 누구에게 의존해서는 안 되며 누구도 개입해서는 안 되는 독립적인 단위입니다. 그리고 성별이 다른 사람끼리의 결합이 자연스럽습니다. 일남일녀(일부일처)만이 하나님이 인정하는 가장 바람직한 부부관계입니다. 지금 그렇게 살고 있나요? 독립하셨나요? 의존하지 않나요?

(3) "남편 된 이 여러분, 아내를 사랑하기를 그리스도께서 교회를 사랑하셔서 교회를 위하여 자신을 내주심 같이 하십시오"(엡 5:25). 남편이 먼저 사랑해야 함을 말합니다. 매력이 없어져도 사랑해야 합니다. 명령입니다. 주께서 우리를 위해 먼저 목숨 바쳐 사랑하셨듯이 말이지요. 그렇게 살고 있나요? 혹시 일방적이진 않나요?

(4) "아내 된 이 여러분, 남편에게 하기를 주님께 하듯 하십시오." 사랑해주는 남편에게 아내들은 순종으로 화답하라고 가르칩니다. 남자가 사랑하면 여자는 순종하게 되어 있습니다. 사랑해주지 않아도, 못마땅해도 순종해주면 감동합니다. 그렇게 살고 있나요?

(5) "남자와 그 아내가 둘 다 벌거벗고 있었으나, 부끄러워하지 않았다"(창 2:25). 숨기는 게 없이 도덕적으로나 모든 면에서 소통하는 관계, 떳떳하고 투명한 관계로 지내는 것이 정상이라고 가르치는 말씀입니다. 서로의 취약점을 숨길 필요가 없는 관계, 그 약점까지 사랑하여 기꺼이 채워주는 관계가 부부라는 것이지요.

이상적인 부부관계는 타락 이후 파괴되었습니다. 한국사회는 특히 더 심각합니다. 우리나라 이혼율은 아시아에서 1위 수준입니다. 그 결과 결혼 적령기가 되어도 우리 청년들은 결혼할 생각을 하지 않습니다. 부모들이 행복한 부부의 모습을 보여주지 않아 생긴 결과라고도 할 수 있습니다. 부부제도를 만들어주신 하나님의 기대와는 동떨어진 현실입니다. 성령님의 도움으로 말씀을 읽고 기도하며 회복해야 할 행복입니다. 위에서 설명한 대로 **창세기에 나오는 부부의 모습대로 살면**, 이 세상 그 누구든 행복을 되찾을 수 있을 것입니다. 더욱이 고린도전서 13장(사랑장)의 "사랑은 오래 참고"로 시작하는 말씀을 명심하며 산다면 모든 가정은 천국이 될 것입니다. 더불어 그 가정의 연장이요 총체인 민족과 세계도 천국화할 수 있을 것입니다.

- 아내의 키가 작으면 남편 쪽에서 키를 줄여라. **_탈무드**
- 부부는 서로 매력을 잃어서는 아니 된다. **_피천득**
- 부부(夫婦) 간에는 분별(分別: 예절, 차등)이 있고, 부자(父子) 간에는 친(親: 사람 사랑)함이 있고, 군신(君臣) 간에는 엄(嚴, 義)함이 있어야 한다. 이 세 가지가 바르면 모든 것이 이에 따라 바르게 될 것이다. **_예기**
- 군자의 도는 부부(夫婦)에서 시작하여, 그 지극함에 미쳐서는 천지를 밝힌다. **_중용**

"아담과 하와" 안지우 作

6
죄

'죄', '죄인'만큼 비그리스도인들을 불편하게 하는 말도 없습니다. "도둑질한 일도 없고, 살인한 일도 없는데 죄인, 죄지은 사람이라니…." 이런 반응을 보이기 일쑤입니다.

죄 용서받고 구원받으라든가, 그리스도의 속죄, 대속 등은 기독교 신자들끼리의 언어일 뿐 비그리스도인들과는 소통하기 어려운 말입니다. 기독교 신자가 아닌 사람들도 이해할 수 있는 표현은 없을까요?

있습니다. **'죄'는 우리말로 번역한 것이고, 이 말의 성경 원어의 뜻은 '빚'입니다.** 이를 가장 잘 보여주는 대목이 마태복음 6장에 나오는 주기도입니다. 그 가운데 이런 대목이 있습니다.

> 우리가 우리에게 죄지은 사람을 용서하여 준 것 같이, 우리의 죄를 용서하여 주시고(마 6:12).

여기서 '죄'의 그리스어 원어는 '오페일레마'(*opheilema*, ὀφείλημα)입니다. '빚'(debt)이라는 뜻으로서 '책임을 이행하지 않는 죄'에서 유래한 말입니다. 그러니 주기도의 이 대목은 "우리가 우리에게 빚 지은 사람의 빚을 탕감하여 준 것 같이, 하나님께서도 우리가 하나님께 진 빚을 탕감해주십시오"가 원래의 의미입니다.

우리는 빚진 존재입니다. 애니메이션 〈마루 밑 아리에티〉에서 묘사하듯, 우리는 모두 누군가로부터 무엇인가 도움을 받고 사는 존재입니다. 부모님께 진 빚, 자연에 진 빚, 친구에게 진 빚, 국가와 사회에 진 빚 등 많습니다. 어쩌면 인생은 그 빚을 갚는 과정인지도 모릅니다.

우리가 빚을 지고 있는 대상을 계속해서 따라 올라가다 보면 최종 채권자는 하나님입니다. 생명을 비롯하여 하나님이 모든 은혜를 베풀어 주셔서 오늘의 내가 있습니다. 인간에게 진 빚도 많지만, 하나님께 갚아야 할 빚은 더 많습니다. 이 빚은 도저히 갚을 길이 없습니다. 부모님의 은혜를 다 못 갚듯이 말입니다. 특히 창세기에 나오는 아담의 죄는 창조주를 창조주로 인정해 순종하는 대신 창조주가 되려고 한 점인데, 막중한 죄이며 빚입니다. 이 죄 때문에 모든 악과 고통이 세상에 들어와 인류를 괴롭히고 마침내 영원한 죽음에 이르게 한다는 것이 기독교의 설명입니다. 이 죄, 즉 빚을 갚아야만 인생의 문제가 궁극적으로 해결된다고 합니다. 저는 이 설명이 타당하다고 생각합니다. 제 경험상 그렇고, 논리적으로 수긍되기에 그렇습니다.

신약에서 예수님은 그 빚의 크기를 1만 달란트로 비유했습니다. 1달란트는 6,000데나리온이니, 1만 달란트는 6,000만 데나리온입니다.

1데나리온이 하루 품삯이니, 1만 달란트는 6,000만 일의 품삯인 셈입니다. 하루 일당을 10만 원으로만 쳐도 6조 원입니다. 거기에 이자까지 붙는다면 도저히 상환하기 불가능한 액수입니다. 절대적으로 선하신 하나님 앞에서 우리가 지은 빚이 그렇게도 많고 크다는 사실을 예수님이 일러주신 것이지요.

빚은 반드시 갚아야 합니다. 만약 빚을 갚지 못하면 어떻게 되나요? 형벌을 받습니다. 감옥에 갇히거나 재산을 압류당할 수도 있습니다. 그러므로 빚을 졌으면 반드시 갚거나 탕감받아야만 자유로울 수 있습니다. 빚지고는 못 산다는 우리 속담처럼 그렇습니다. 살아서도 그렇거니와 죽을 때도 결코 편하게 눈 감을 수 없습니다.

기독교의 인간관은 인간의 실존을 '빚진 존재'로 규정합니다. 우리는 내남없이 누군가에게, 어떤 존재에게 빚을 지고 있습니다. 빚을 졌기에 오늘의 우리가 있습니다. 지금도 그렇습니다. 남의 도움 없이 우리는 존재할 수 없습니다. 인간은 상호의존관계입니다. 본질상 불완전한 피조물이라 그렇습니다.

아마 이 사실을 부정할 사람은 없겠죠? 양심을 가졌다면 '빚진 자'의 의식을 가질 수밖에 없습니다. 도저히 갚을 수 없는 빚을 지고도 아무런 부담감 없이 살 수 있다면 매우 대담한 사람이거나 둔감한 사람이겠죠. 절대자를 믿지 않는 사람은 그럴 수도 있습니다. 예컨대 성리학자들이 그런 경우죠.

언젠가 평생 성리학을 연구한 지인이 함께 식사하며 거듭 들려준 말을 잊을 수 없습니다.

"조선 시대 선비들이 지닌 한계는 절대자가 없다 보니 자신의 과오를 온전히 비춰볼 수 없었다는 것입니다. 초월자와 신성 앞에 무릎 꿇고 통회한 경험이 없는 것이지요."

"유학(儒學)은 욕심을 비워 성인(聖人)이 되기 위해 노력하는 학문입니다. 그 자세는 매우 귀하지만 스스로 욕심을 초월하기에 인간은 한없이 부족한 존재죠. 잘못을 바로잡기 위해서는 절대자 앞의 고해성사가 필요합니다."

기독교는 절대자 하나님을 믿기 때문에 우리의 한계와 약점을 알 수 있습니다. 온갖 종류의 빚을 갚을 수 없다는 한계도 알지요. 거기서 오는 부담감으로부터 해방시켜주신 분이 예수 그리스도입니다. 예수님은 십자가에 달려 죽으심으로 우리가 진 모든 빚을 단번에 갚아주셨습니다! 예수님이 십자가 위에서 남긴 7가지 말씀 가운데, "다 이루었다"(요 19:30)의 그리스어 원어는 "테텔레스타이"(tetelestai)로서 직역하면 "값을 다 지불했다"입니다. 죄의 삯은 사망인데 예수님이 십자가 위에서 그 죄의 값을 대신 다 지불했다고 선언하신 것이죠. 이는 죄 때문에 이 세상에서 참된 행복을 누리지 못하고 사탄의 종노릇하기 일쑤이며, 하나님과 영원히 분리될 수밖에 없었던 우리가 해방되었다는 선언입니다.

우리가 이 사실을 인정하고 고백하며 예수 그리스도를 우리의 주로 모셔 들이기만 하면 자유로운 삶을 시작할 수 있습니다. 빚과는 상관없는 존재로 사는 것입니다. 이 세상에서도 그렇고, 죽어서도 그렇습니다. 그 은혜로 언제나 하나님의 자녀로 구김살 없이 사는 것입니다. 죄를 짓기 전 아담의 상태로 회복되어 하나님과 동행하며, 모든 이와 더불어 평화를 누리고 서로 사랑하는 삶을 새롭게 누릴 수 있다는 거죠. 기쁜 소식이 아닐 수 없습니다.

1만 달란트에 해당하는 **빚을 탕감받았으니 남이 우리한테 진 빚은 얼마든지 탕감해줄 수 있다는 것**이 예수님의 비유입니다. 탕감해주는 것이 마땅하다는 가르침입니다. 주기도에서 "우리에게 빚진 자를 탕감해준 것 같이 우리 빚을 탕감해달라"고 기도하라는 이유가 바로 여기에 있습니다. 이 '빚'을 '죄'로 바꾸어도 마찬가지입니다. 하나님으로부터 큰 죄를 용서받았으니, 이웃의 소소한 죄는 서로 눈감아주며 살아야 행복하다는 가르침이지요.

- 숨겨진 죄에는 하나님이 증인으로 계신다. _**볼테르**
- 십계명을 어기고 나면 나머지 죄는 대단한 것이 하나도 없다. _**마크 트웨인**
- 이상한 일이 하나 있다. 사람은 자기 탓이 아닌 외부에서 일어난 죄악이나 잘못에 대해서는 크게 분개하면서도 자기 책임하에 있는 자기 자신이 저지른 죄악이나 잘못에 대해서는 분개하지도 않고 싸우려 하지도 않는다. _**파스칼**
- 사람의 자식으로서 불효에 세 가지가 있다. 첫째, 부모를 불의에 빠뜨리는 것, 둘째, 부모가 연로하신데 자기 앞가림을 못하는 것, 셋째, 후손을 잇지 못하는 것이다. 이 가운데에서 자손이 없는 것이 가장 큰 불효다(孟子曰 不孝有三 無後爲大). _**맹자**
- 『주례』「대사도」(大司徒)에서는 향팔형(鄕八刑)으로 만민을 규찰하였다. 그 죄목은 불효(不孝)·부제(不弟, 연장자를 공경하지 않음)·불목(不睦, 화목하지 않음)·불인(不婣, 서로 반목해 혼인하지 않음) 따위였다. 『상서』「강고」(康誥)에서는 불효·불우(不友, 형제간에 우애하지 않음)를 가장 크게 미워하는 죄로 여겨 형벌을 주고 용서하지 않았다. _**다산**

- 천하에는 다만 하나의 정당한 도리가 있을 뿐이니, 이치(理)에 따라서 행하면 그것이 곧 하늘이다. 만약 조금이라도 이치를 어기면 그것이 곧 하늘에 죄를 얻는 것이니 기도하여 그 죄를 면할 수는 없다. _**주자**

7
예수

석가모니, 공자, 소크라테스, 무함마드는 모두 귀한 분입니다. 인류의 고민을 해결하기 위해 노력했고, 그 지혜를 가르치고 가신 분들이기 때문이죠. 인격적인 면에서도 모두 모범적입니다. 기독교에서 추앙하는 예수님은 이분들과 비교해 어떤 차별성을 지니고 있을까요? 굳이 예수님을 믿어야 한다고 주장하는 이유는 무엇일까요?

첫째, **우리의 죄 문제를 해결하기 위해 대신 죽어주신 분은 예수님밖에 없습니다.** 석가모니도 공자도 그 누구도 인간의 죄 때문에 속죄의 죽음을 맞지는 않았습니다. 예수님을 제외하고는 모두 자연사했습니다. 예수님은 죽지 않아도 되지만 자발적으로 요절했습니다. 죽임을 당한 게 아니라 죽어주신 거죠. 사도신경에서도 "십자가에 못 박혀 죽으시고"라고 표현하고 있습니다. 피동형이 아니라 능동형입니다.

예수님은 구약에 예언된 그대로, 복음서에서 당신이 예고한 그대로 우리의 죗값을 대신해 희생양으로 죽으셨습니다. 안 죽을 수도 있었으나, 그게 하나님의 뜻이므로 기꺼이 십자가를 지셨습니다. 겟세마네 동산에서 드린 기도가 이를 잘 보여줍니다.

그때에 예수께서 제자들과 함께 겟세마네라고 하는 곳에 가서, 그들에게 말씀하셨다. "내가 저기 가서 기도하는 동안에, 너희는 여기에 앉아 있어라." 그리고 베드로와 세베대의 두 아들을 데리고 가서, 근심하며 괴로워하기 시작하셨다. 그때에 예수께서 그들에게 말씀하셨다. "내 마음이 괴로워 죽을 지경이다. 너희는 여기에 머무르며 나와 함께 깨어 있어라." 예수께서는 조금 더 나아가서, 얼굴을 땅에 대고 엎드려서 기도하셨다. "나의 아버지, 하실 수만 있으시면, 이 잔을 내게서 지나가게 해주십시오. 그러나 내 뜻대로 하지 마시고, 아버지의 뜻대로 해주십시오." 그리고 제자들에게 와서 보시니, 그들은 자고 있었다. 그래서 베드로에게 말씀하셨다. "이렇게 너희는 한 시간도 나와 함께 깨어 있을 수 없느냐? 시험에 빠지지 않도록, 깨어서 기도하여라. 마음은 원하지만, 육신이 약하구나!" 예수께서 다시 두 번째로 가서, 기도하셨다. "나의 아버지, 내가 마시지 않고서는 이 잔이 내 게서 지나갈 수 없는 것이면, 아버지의 뜻대로 해주십시오." 예수께서 다시 와서 보시니, 그들은 자고 있었다. 그들은 너무 졸려서 눈을 뜰 수 없었던 것이다. 예수께서는 그들을 그대로 두고 다시 가서, 또다시 같은 말씀으로 세 번째로 기도하셨다. 그리고 제자들에게 와서, 그들에게 말씀하셨다. "이제 남은 시간은 자고 쉬어라. 보아라, 때가 이르렀다. 인자가 죄인들의 손에 넘어간다. 일어나서 가자. 보아라, 나를 넘겨줄 자가 가까이 왔다"(마 26:36-46).

우리나라 푸닥거리 굿에서는 죄 없는 동물이 피 흘려 제물로 바쳐짐으로써 병자가 치유된다고 믿습니다. 이때 신에게 바치는 제물이 '희생'(犧牲)입니다. 유교 제사의 제물도 마찬가지입니다. 지금은 '희생하다'는 동사로 많이 사용하지만 원래는 명사였습니다. 예수님이 한 마리의 희생, 즉 제물로 죽으신 행위는 바로 굿과 제사에서 희생을 바치는 것과 유사합니다. 하나님의 아들로서 죄 없는 예수가 십자가에 대신 달려 죽음으로써 우리의 죄가 사해졌습니다. 아담의 범죄 이후 인간 세계에 들어온 죄의 세력으로부터 우리는 해방되었습니다. 죄(죄의 경향성) 때문에 심판받아 영원히 죽을(하나님과 분리될) 죄가 사해졌습니다.

사탄의 지배를 받는 죄의 노예에서 하나님의 지배를 받는 자녀로 신분이 바뀌었습니다.

> (예수) 그리스도 안에 있으면 새로운 피조물이라. 이전 것은 지나갔으니 보라! 새것이 되었도다(고후 5:17).

이 은혜를 누리게 하신 분이 예수님입니다. 예수님은 그분을 믿기로 선택하면 누구든 구원에 이르게 하셨습니다. 다른 성인(聖人)들은 우리가 스승으로 모실 분들이라면, 우리에게 새로운 생명을 주신 예수님은 우리가 믿고 섬겨야 마땅한 분입니다. 성인 가운데 오직 예수님만 이 일을 하셨습니다. 존경은 물론 믿고 섬겨야 할 분은 예수님밖에 없습니다. 더욱 이 세상 끝 날까지 우리와 함께하신다고 다음과 같이 약속하셨으니 더욱 그러합니다.

내가 너희에게 명령한 모든 것을 그들에게 가르쳐 지키게 하여라. 보아라, 내가 세상 끝 날까지 항상 너희와 함께 있을 것이다(마 28:20).

내가 아버지께 구하겠다. 그리하면 아버지께서 다른 보혜사[성령]를 너희에게 보내셔서, 영원히 너희와 함께 계시게 하실 것이다(요 14:16).

문학평론가 르네 지라르가 기독교로 개종한 까닭도 바로 예수의 이 독특성 때문이라고 합니다. 그는 희생양 문화를 추적하다가 성경에서 감명을 받았다죠. 대부분 희생양에게 모든 책임을 뒤집어씌우기 일쑤이지만, 예수님만 희생양 편이 되어 옹호하는 모습에 감동했다고 합니다. 그의 저서 『나는 사탄이 번개처럼 떨어지는 것을 본다』에 그 내용이 나옵니다. 세상은 희생양에 대한 폭력으로 사회적 안정을 가져오고, 이 안정이 깨지면 다시 다른 희생양을 찾습니다. 이렇게 끝없는 폭력의 반복이 사회적 안정의 밑바닥에 숨겨져 있다고 지라르는 설명합니다. 중세의 마녀사냥이 대표적인 사례죠.

성경은 희생양에게 가해지는 집단 폭력에 대해 곳곳에서 비판합니다. 가인에 의해 살해된 아벨의 피로부터 수많은 예언자를 거쳐 세례 요한에 이르기까지 얼마나 많은 희생양이 박해를 받아야만 하였는가를 증언합니다. 시편은 힘센 박해자들에게 둘러싸인 희생양에게 발언권을 부여함으로써 희생양이 자신의 괴로움과 분노를 토로할 수 있도록 한 역사상 가장 오래된 기록입니다. 일찍이 철학자 니체는 약자의 편에 서는 성경의 이러한 입장을 '노예의 도덕'이라 비웃었지만, 지라르는 성경이야말로 집단 폭력의 광기에 맞서 항거한 소수의 영웅적 기록이라고 높이 평가합니다. 이 소수의 영웅적 저항은 마침내 예수의 십자가와 부활 사건에 이르러 승리를 거둡니다. 지라르는 예수의 십자가와 부활이 사회를 유지하던 사탄의 계략을 완전히 폭로해낸 사건이라고 평가합니다. 예수는 집단적 광기 속에서 한 명의 희생양으로 십자가에 달렸습니다. 군중들은 여느 때와 같이 희생양인 예수를 악으로 몰아갔고, 큰 자나 작은 자나 할 것 없이 서로 경쟁적으로 모방하여 예수를 비방하는 데 힘썼습니다. 십자가에 달린 예수는 군중들이 모방 경쟁과 집단적 폭력에 빠져 있으면서도 그 사실을 자각하지 못하고 있다는 점을 안타까워하며 하늘을 향해 기도합니다. "아버지, 저 사람들을 용서하여 주십시오. 저 사람들은 자기네가 무슨 일을 하는지를 알지 못합니다"(눅 23:34).

그러나 이 사건은 이전과는 달리 희생양의 일방적인 죽음으로 끝나지 않았다는 점에서 특징적입니다. 예수의 십자가 사건은 집단적 광기의 만장일치를 깨는 무엇인가 새로운 힘을 끌어들였기 때문입니다. 사흘이 지나자 예수가 무죄한 자였음을 깨달은 사람들이 생겨났고, 이들은 신화를 통해 정당화를 얻던 로마의 질서에 대항하여 회개를 촉구하였습니다. 군중 가운데 자신들의 폭력을 자각하고 뉘우친 이들이 나타난 것이죠. 이런 사실을 연구한 끝에 그리스도인이 되었다고 고백한 르네 지라르는 연구와 삶의 일치를 보여준 사례이기도 합니다. 스스로 희생양이 되신 예수님의 인격은 요한복음 13:1-17에 나오는 제자들의 발을 닦아주는 장면에서도 우리가 닮아야 할 인간상의 전형을 보여주고 있습니다. 이는 불교의 보살, 유교의 선비와 통하면서도 그것을 넘어서는 겸손, 희생, 사랑의 극치가 아닐까요?

둘째, **예수님만 부활하셨습니다.** 그 증거가 빈 무덤입니다. 공자도 무덤이 있고, 석가모니도 화장되어 그 사리가 세계 도처의 사찰에 전해 오고 있으나, 예수님의 무덤은 텅 비어 있습니다. 부활했기 때문입니다. 왜 그럴까요? 그분은 본질상 하나님이기 때문입니다. 하나님이 사망을 이기는 것은 당연한 일입니다.

예수님의 부활은 역사적 사실입니다. 부활을 인정하지 않고서는 사도 바울과 도마의 극적인 변화, 교회의 출현, 복음서를 비롯한 신약성경의 형성은 설명할 길이 없습니다. 부활이 거짓임을 드러내기 위해 추적하던 기자가 각 방면 전문가의 증언과 자료 앞에서 마침내 부활이 역사적 사실임을 밝힌 책이 스트로벨의『예수는 역사다』입니다.

예수님은 우리가 믿고 섬길 만한 분입니다. 다른 성인들도 존경할 만하지만 목숨을 바쳐 사랑하거나 섬길 필요까지는 없습니다. 우리가 예수님을 진정으로 섬기다 보면 그분의 인격을 닮아갑니다. 하나님을 사랑하고 이웃을 내 몸처럼 사랑하는 사람으로 점차 성숙해가지요. 그리고 마침내는 그 예수님이 다시 오시는 날 부활하거나 변화하여 영원히 천국에서 삽니다.

셋째, **예수님은 하나님과 동등한 분입니다.** 앞에서 예수님의 부활을 말했습니다. 왜 예수님만이 죽음을 이기고 신화 시절부터 인류가 꿈꾸어 온 부활을 실현할 수 있었을까요? 이 의문에 대한 해답은 '**예수님은 하나님과 동등한 분**'이라는 **사실입니다.** 성경에서 예수님을 '하나님의 독생자'라고 표현한 것은 하나님과 동등하다는 것을 말합니다. 하나님이신 분이 인간의 몸을 입고 태어나셨기에 죄가 없고, 죄가 없는 깨끗한 분이므로 그 피가 우리의 죄를 대속할 수 있다고 성경은 말합니다. 예수님을 하나님의 아들로 믿으면 각종 기적이 쉽게 이해됩니다. 부활도 마찬가지입니다. 예수님의 이런 특징을 **예수님의 신성**(神性)이라고 합니다.

예수님이 신성을 지녔다는 사실, 즉 하나님이심을 증명하는 사례는 많습니다.

(1) 스스로 밝혔습니다. 물 위를 걸으신 기적 대목에서 "나다. 두려워하지 말아라"(Fear not, it is I; 막 6:50)라고 하신 말씀의 그리스어 원문을 보면 "두려워 말라, 내가 있다"(I am)라고 되어 있습니다. 이는 바로 출애굽 당시 모세에게 나타난 하나님이 자신을 표현한 말씀과 동일합니다(출 3:14).

(2) 예수님은 자신에게 죄를 용서하는 권세가 있다고 복음서에서 주장하였는데, 그 일은 하나님만이 할 수 있습니다. 최후의 심판권도 있다고 했습니다. "누구든지 사람들 앞에서 나를 시인하면, 나도 하늘에 계신 내 아버지 앞에서 그 사람을 시인할 것이다"(마 10:32).

(3) 불치병을 낫게 하고, 소경의 눈도 뜨게 하며, 죽은 자를 살리는가 하면, 물을 포도주로 바꾸고, 물 위를 걸으며, 바람을 잔잔하게 하는 등의 이적은 예수님이 하나님임을 보여줍니다.

(4) 감화력입니다. 나사렛에서 무슨 선한 인물이 나겠느냐고 의심하던 나다나엘이 예수님을 만나자마자 "선생님은 하나님의 아들이시요, 이스라엘의 왕이십니다"라고 고백했습니다. 친동생 야고보가 장로가 되어 형 예수를 주님으로, 자신은 그 '종'이라 부르고 있는 야고보서의 서두

만 봐도 예수님의 감화력을 알 수 있습니다. 얼마나 거룩했으면 이렇게 변화가 일어났을까요? 인간이었다면 어려운 일 아닐까요?

(5) 부활의 기적입니다. 죽음이 두려워 예수님을 버리고 도망쳤던 제자들, 문을 잠그고 떨던 제자들이 갑자기 바뀌어 부활하신 주를 증거하다가 장렬히 순교합니다. 부활하신 주님을 만난 후의 변화입니다. 역사 이래 완전히 죽었다가 예수님처럼 부활해 승천한 사람은 없습니다. 하나님이기 때문에 가능한 일입니다. 그것을 경험한 제자들이기에 용감하게 변했습니다.

(6) 예수님은 죄를 용서했을 뿐만 아니라 자신에게는 죄가 없다고 단언했습니다. 죄가 없는 것은 하나님의 속성입니다. 역사에서 이렇게 말한 인간은 없습니다. 그런데 당시에 아무도 이 말에 반박하지 못했습니다. 빌라도마저도 예수님에게는 죄가 없다고 하였습니다. 성경의 기록대로 하나님이 인간의 몸을 입고 오신 것이지요. 성육신 사건이 그것입니다.

> 그는 근본 하나님의 본체시나 하나님과 동등됨을 취할 것으로 여기지 아니하시고, 오히려 자기를 비워 종의 형체를 가지사 사람들과 같이 되셨고(빌 2:6-7).

(7) 예수님은 예언대로 인류의 죄를 대신해 죽으러 오시고 부활해 승천하셨으며, 다시 오실 유일한 분입니다. 그분은 우리의 유일한 주님입니다.

그런데 이 '예수가 오늘의 우리와 무슨 상관이 있는가?' 하는 의문을 품는 분들이 있습니다. 2천 년 전 유대에서 십자가에 달려 죽은 예수가, 지금 한국에 사는 나와 무슨 관계가 있냐는 물음이지요. 이것은 "왜 우리에게 예수의 십자가가 필요한가?"라는 질문이기도 합니다. 십자가를 진 예수만 의미가 있기 때문이죠. 십자가 없는 예수, 십자가가 빠진 기독교는 우리의 관심사가 아닙니다. 그만큼 십자가는 중요합니다. 십자가는 기독교의 핵심이며 능력입니다.

예수님의 십자가가 지닌 보편적인 의미는 무엇일까요? 십자가는 에덴동산에서 피조물인 인간이 창조주 하나님이 되려고 한 대역죄를 저질러 영원히 죽어야 하는데, 인간 대신 하나님이 인간 세상으로 들어와 죽어주신 사건입니다. 인간이 죗값을 지불할 능력이 없어(죄인이라서 효력이 없으므로), 죄 없는 하나님이 사람으로 태어나 희생양이 되어줌으로써 인간의 모든 죄가 용서되고 영생의 길이 열렸습니다.

이 **십자가 사건을 이해할 수 있는 예화** 하나를 소개할까요? 죄를 지은 여성에게 법관이 유죄 선고를 내렸습니다. 벌금 30만 원을 내라는 선고였습니다. 그러고는 법복을 벗은 채 피고석으로 내려간 법관은 피고를 대신해 벌금을 납부합니다. 그 여성은 벌금 낼 능력이 없었고, 그게 바로 자신의 딸이었기 때문입니다. 딸이므로 무죄로 봐줄 수도 있지만 그러면 공의를 저버리므로 법대로 유죄 판정을 내리고, 지불 능력이 없는 딸을 위해 대신 벌금을 납부함으로 딸을 구해주어 공의와 사랑을 한꺼번에 실현한 셈입니다. 예수님의 십자가가 그렇습니다. 아담 이래 인간세계에 들어온 죄 때문에 하나님과의 관계가 단절된 상태를 회복하기 위해서는 죄의 값을 지불해야만 하지만 죄인인 인간에게는 그럴 능력이 없습니다. 이것을 잘 아시는 하나님께서는 당신 자신이 인간 대신 십자가에 달려 처형당함으로써 인류의 묵은 숙제를 해결해주셨습니다. 푸닥거리 굿을 할 때 병든 사람 대신 닭이 피 흘려 죽음으로써 병자가 낫는다고 믿는 것처럼, 두 번째 아담으로 오신 예수가 나 대신 죽었다는 사실을 인정하고 예수를 모셔 들이는 순간 우리는 하나님의 자녀가 되어 원래의 관계를 회복해 살며 영생을 누리게 됩니다.

이것은 **성경 전체의 지속적인 메시지**입니다. 무엇보다도 십자가에 달린 예수님께서 직접 말씀하셨습니다.

> 예수께서 신 포도주를 받으신 후에 이르시되, "다 이루었다" 하시고 머리를 숙이니, 영혼이 떠나가시니라(요 19:30).

여기에서 "다 이루었다"는 말씀을 그리스어 원어로 풀어보면, "빚을 다 갚았다!"는 선언입니다. 인류가 하나님께 평생 지불해야 할 죗값을 한꺼번에 다 치렀다는 말씀입니다. 이 길만이 유일한 대안이므로 예수님이 십자가에 달려 죽은 것입니다. 지금도 우리는 정치, 경제, 문화, 교육으로 세상의 문제를 해결하려 하지만 미봉책에 불과하다는 것을 잘 압니다. 정치체제만 해도 자본주의와 사회주의가 대립하고 있으나 그 어느 것도 완전한 시스템은 아닙니다. 예수님이 내 대신 십자가에 달려 죽었다는 것을 늘 고백하며, 이제는 우리 각자가 작은 예수로 희생하고 서로 존중하며 살아갈 때만 지구 공동체는 희망이 있습니다. 저는 이것을 굳게 믿습니다. 서로 각자도생하려 한다거나, 자기 욕망을 채우기 위한 수단으로 다른 사람을 이용하려고 들면 이 세상은 갈수록 지옥이 될 수밖에 없습니다.

러시아의 문호 도스토옙스키의 소설 『카라마조프가의 형제들』을 보면, 소설 본문을 시작하기 전에 "아내 안나 그리고리예브나 도스토옙스카야에게 바친다"는 헌사와 함께 다음과 같은 명구가 적혀 있습니다.

> 내가 진정으로 진정으로 너희에게 말한다. 밀알 하나가 땅에 떨어져서 죽지 않으면 한 알 그대로 있고, 죽으면 열매를 많이 맺는다(요 12:24).

요한복음에서 예수님이 하신 말씀입니다. 왜 작가는 이 성경 구절을 책의 맨 앞에 적었을까요? 작품의 주제와 관련되기 때문이 아닐까 싶습니다. 도스토옙스키는 예수가 말하고 그렇게 살다 죽은 것처럼, 우리 모두가 한 알의 밀알처럼 남을 위해 희생하고 봉사하며 살아가는 것이야말로 인류 구원의 길이라고 말하는 듯합니다. 작품에 등장하는 셋째아들 알렉세이, 죠시마 장로의 삶이 바로 그런 쪽입니다. 제 경험에 비추어 봐도 십자가에 달려 죽어주신 예수님을 제대로 믿고 모셔 들이고 살면 삶이 달라집니다. 이기적으로 살아갈 수 없습니다. 나는 이미 예수와 함께 십자가에 못 박혀 죽었으므로 누가 내 오른 뺨을 때리면 왼 뺨을 돌려 대고, 오 리를 동행하자면 십 리를 가 주고, 겉옷을 달라면 속옷까지 주는 삶, 한마디로 손해 보는 삶을 살 수밖에 없습니다. 자본주의의 한계를 극복할 수 있는 세계가 펼쳐지는 것이지요.

- 자연법칙은 그리스도를 기만의 한복판에 살게 했고, 그리스도를 기만 때문에 죽게 했다. **_도스토옙스키**
- 예수는 역사가 우리들에게 제공하는 모든 인격으로서, 가장 생생하기 때문에 가장 비논리적인 성격이다. **_모리아크**
- 참된 종교의 창립, 이것이 예수의 일이다. 그의 뒤에는 이제 다만 발전시키고 풍부하게 하는 일뿐이다. **_르낭**
- 하나님의 인간적인 얼굴을 우리에게 보여주기 위해 예수님은 인간으로 태어나셨다. **_게오르규**
- 다만 이 세상에서 완전한 사랑을 가지고 살았던 단 한 분은 예수 그리스도다. **_강원룡**
- 공자는 '가함도 불가함도 없이' 자유자재로 넉넉하게 도에 적중하여 의(義)를 행한 성인의 집대성자다. **_맹자**
- 인간보다 신령한 것은 없고, 성인보다 존귀한 사람은 없고, 공자보다 위대한 성인은 없으며, 공자의 한 마디 말과 한 글자도 살아가는 백성의 모범이 되고 세상을 유지하는 벼리가 되기에 진실로 충분하다. **_다산**

8
부활

부활은 **기독교의 가장 중요한 특징**입니다. 유교나 불교에는 부활이 없습니다. 신화에 나타나는 부활은 그냥 허구이고 상상일 뿐 실현된 적은 한 번도 없습니다. 성경에 나오는 예수의 부활은 말하자면 신화의 상상이 마침내 현실화한 최초이자 마지막 사례인 셈입니다.

부활을 빼면 기독교는 무너집니다. 부활은 기독교의 기둥과도 같습니다. 부활 때문에 베드로를 비롯한 사도들이 돌아와 예수님의 부활을 증거하여 교회가 생겼고 오늘까지 지속됩니다. 부활이 없었으면 끝났을 것입니다. 부활이 없으면 아무도 예수님을 믿지 않을 것입니다.

부활의 중요성에 대하여 사도 바울은 다음과 같이 말했습니다. 부활이 없다면 기독교 신자들이 가장 불쌍하다고요. 헛고생이라는 것이지요.

그리스도께서 살아나지 않으셨다면, 여러분의 믿음은 헛된 것이 되고, 여러분은 아직도 죄 가운데 있을 것입니다. 그리고 그리스도 안에서 잠든 사람들도 멸망했을 것입니다. 그리스도 안에서 우리가 바라는 것이 이 세상에만 해당되는 것이라면, 우리는 모든 사람 가운데서 가장 불쌍한 사람일 것입니다. 그러나 이제 그리스도께서는 죽은 사람들 가운데서 살아나셔서, 잠든 사람들의 첫 열매가 되셨습니다(고전 15:17-20).

맞습니다. 기독교 신앙은 우리가 장차 예수님처럼 부활한다고 믿는 것입니다. 죽음으로 끝이 아니고, 다시 살아서 영생한다고 믿습니다. 그러니 부활이 없다면 기독교 신앙은 무의미하다는 것입니다. 기독교가 믿는 부활이 무엇인지 몇 가지로 나누어 설명하겠습니다.

(1) **부활의 개념**: 부활(復活)은 다시 사는 것입니다. 몸이 다시 사는 것입니다. 원래의 육체와 영혼이 재결합하는 것으로, 불교의 윤회전생이나 환생(다른 몸이나 영혼으로 바뀜)과는 다릅니다. 예수님의 부활처럼 우리는 원래의 몸과 정신으로 다시 삽니다.

(2) **부활의 확실성**: 예수님의 직접적인 가르침이며 약속입니다. 부활하신 예수님을 만난 사도 바울의 가르침입니다. 시카고 「트리뷴」지의 리 스트로벨 기자는 부활이 거짓임을 증명하기 위해 전문가들을 인터뷰하며 취재하던 중 오히려 감화받아 『예수는 역사다』란 책을 쓰게 됩니다. 『예수는 역사다』는 부활이 마침내 역사적 사실임을 인정한 리 스트로벨이 신자가 되어 저술한 책으로서 1,400만 부나 팔리고 영화로도 상영되었습니다. 이 책의 주요 내용을 간추리면 이렇습니다.

① 부활했다는 증거가 무엇인가요? 신자들의 증언이라 신빙성이 없는 게 아닌가요? 아닙니다. 부활한 예수를 만난 증인들의 초기 기

록이 증거입니다. 사도 바울은 신자가 아니라 오히려 핍박자였습니다. 그런 사람이 바뀌어 부활을 증거하고 있습니다. 500명이 한꺼번에 부활한 예수님을 보기도 했습니다. 모두 2년 이내의 증언입니다.

② 4복음서의 부활 기록 간에 차이가 있어 불신하기도 합니다. 예컨대 무덤을 찾아간 시간을 나타내는 표현이 어느 쪽에서는 아직 어두웠다고 하고, 다른 쪽에서는 동틀 무렵이라고도 하는 등의 차이입니다. 하지만 새벽이라는 사실만은 일치합니다. 4복음서의 부활 관련 차이들은 관점의 차이일 뿐 핵심은 동일합니다. 형사 사건에서도 세부적인 차이는 무시합니다.

③ 예수가 부활한 게 아니라 기절했다 깨어난 건 아닐까 하고 생각하기도 합니다. 하지만 미국의학협회 저널에 실린 에드워즈 박사의 논문에 의하면, 예수님은 쇠구슬과 뼛조각이 박힌 39가닥의 채찍에 맞고 구타를 당해 십자가에 달려 있을 때 이미 출혈과다 및 호흡곤란 등으로 창에 찔리기 전에 사망한 게 확실합니다. 물과 피를 쏟았다는 성경의 기록은 심낭삼출과 늑막삼출의 증거입니다. 예수의 사망처럼 완벽하게 증명된 사건도 없습니다. 기절설은 이제 쓰레기에 불과합니다.

④ 500명이 집단 환각을 일으킨 건 아닌가 하고 의심하기도 합니다. 하지만 집단이 동일한 꿈을 꾼다는 것은 부활보다도 더 기적적인 일이란 게 심리학계의 견해입니다.

⑤ 성경에서 부활의 첫 증인이 여성들이라고 기록한 것은 제자들에

게 불리한 일입니다. 유대인들은 여성의 증언을 무시했기 때문이지요. 부활이 사실이라는 증거입니다. 성경이 조작이라면 마땅히 남성을 첫 목격자로 바꿨어야 합니다.

⑥ 예수님이 부활하지 않았다면 제자들이 순교하면서까지 부활을 증거할 리가 없습니다. 예수님의 시체를 훔친 후에 거짓말을 하면서까지 죽을 이유는 더더욱 없습니다. 당시에 빈 무덤을 말하고, 부활을 증거하는 기록과 이야기들이 전해질 때 아무도 이론을 제기하지 않았기 때문에 초기 기록들이 온전히 전해졌다고 보는 게 자연스럽습니다.

⑦ 예수님은 왜 죽었을까요? 신의 아들이면서 왜 죽어야 했을까요? 오직 사랑 때문에 죽으셨습니다.

(3) **부활의 대상**: 모든 사람입니다. 부활하고 싶지 않아도 부활하게 됩니다. 모두 부활해 심판을 받습니다.

(4) **부활의 때**: 예수님 재림 때 부활합니다. 그 때는 하나님 아버지만 아십니다.

(5) **부활체의 성격**: 본래의 몸과 동일하되 강하고 아름다우며 영광스럽게 변화한 신령한 몸으로서 시간과 공간의 제약을 받지 않습니다. 다음 성경 구절이 보여줍니다.

보십시오, 내가 여러분에게 비밀을 하나 말씀드리겠습니다. 우리가 다 잠들 것이 아니라, 다 변화할 터인데, 마지막 나팔이 울릴 때에, 눈 깜박할 사이에, 홀연히 그렇게 될 것입니다. 나팔소리가 나면, 죽은 사람은 썩어 없어지지 않을 몸으로 살아나고, 우리는 변화할 것입니다(고전 15:51-52).

그날, 곧 주간의 첫날 저녁에 제자들은 유대 사람들이 무서워서, 문을 모두 닫아걸고 있었다. 그 때에 예수께서 와서 그들 가운데로 들어서셔서, "너희에게 평화가 있기를!" 하고 인사말을 하셨다(요 20:19).

대학 시절 부활절 기간에 교목이었던 한승호 목사님이 하셨던 설교가 생각납니다. "예수님은 부활하셨어야 했다!" 살면서 생각해보니 왜 그렇게 말씀하셨는지 이해됩니다. 인류 역사에 예수님의 부활이 없다면 희망도 없습니다. 아무런 죄가 없는 예수님이 빌라도의 재판을 받아 처형당하고 말았다면, 이 세상에 정의는 없습니다. 오직 권력만이 가치 있을 뿐입니다.

하지만 예수님은 죽음을 이기고 다시 살아났습니다. 인류가 출현한 이래 해결하지 못하고 있는 죽음의 문제를 극복해버린 것이지요. 죽을까 봐 비겁하게 살고, 치사하게 살기 일쑤인 우리로 하여금 담대히 살아가도록 용기를 주신 사건이 예수님의 부활입니다. 예수님이 처형당할 때 도망치고 숨어 있던 제자들이 다시 길거리에 나와 목숨을 걸고 복음을 전한 이유도 여기 있습니다. 죽음을 두려워하지 않게 된 것이죠. 부활을 확실히 믿으면 우리도 그럴 수 있습니다.

- 부활은 보이지 않는, 멸하지 않는, 이해할 수 없는 하나님 세계로의 탈출이다.
  _한스
- 부활의 복음을 들은 사람은 더 이상 비관적인 얼굴을 하고 돌아다닐 수 없으며, 희망이 없이 유머 없는 삶을 영위할 수 없다. **_칼 바르트**
- 육체적 죽음이란 이른바 여러 겁(劫)의 윤회(輪廻)에서 낡은 수레를 새 수레로 갈아타는 것에 지나지 않다. **_석가모니**
- 뜻있는 선비와 덕을 이룬 사람은 삶을 구하여 인을 해치는 일이 없고, 몸을 죽여서도 인을 이룸이 있다(殺身成仁). **_공자**
- 목숨도 내가 원하는 것이고 의(義)도 내가 원하는 것이지만, 두 가지를 함께 얻을 수 없다면, 나는 목숨을 버리고 의(義)를 취하겠다. 목숨은 내가 원하는 것이지만, 원하는 것 가운데 목숨보다 더 간절히 원하는 것이 있기 때문에 구차하게 목숨을 얻으려 하지 않는 것이다. 죽음은 내가 싫어하지만, 싫어하는 것 가운데 죽음보다 더 싫어하는 것이 있기 때문에 근심을 피하지 않는 것이다.
  _맹자

9
구원

구원이란 **모든 악과 고통으로부터 해방되는 것**입니다. 질병, 증오, 거짓, 불의, 결핍, 갈등 등등 우리를 죽음으로 몰아가는 모든 것에서 벗어나 평안, 행복, 만족, 자유, 영원한 생명으로 들어가는 게 구원이지요. 육체적·정신적·영적인 구원 모두를 포함한 개념입니다. 한자로 풀어보면, '건질 구(救)'에 '당길 원(援)'이니 물이나 불 속에서 건져내는 게 구원입니다. 구출하여 원조하는 것이라 할 수도 있겠습니다.

원어인 그리스어 '소테리아'(*soteria*)는 도덕적 위험으로부터의 구조, 죄와 사망으로부터의 해방, 하나님과의 교제 안에서 성취된 생명의 선물 등을 의미합니다. "수고하고 무거운 짐 진 자들아, 다 내게로 오라. 내가 너희를 쉬게 하리라"(마 11:28, 개역개정). 예수님의 이 말씀도 구원으로의 초대이지요.

복음서에 나타난 예수님의 구원 사례들을 보면 영적인 구원만이 아니라 각종 질병, 배고픔의 문제에 대한 해결까지 포함하고 있어서 기독교의 구원은 총체적임을 알 수 있습니다. 우주적·종말론적인 구원에까지 확대되어 있죠.

어떻게 이 구원에 이를 수 있을까요? 정신적·영적인 구원의 경우 이 세상 대부분의 종교는 우리의 노력으로 구원받는다고 합니다. 그런데 얼마나 노력해야 구원이 가능한지는 가늠하기 어렵습니다. 몇 점을 맞아야 가능한지 말해주지 않기 때문입니다. 불교는 더 이상 윤회하지 않고 해탈하는 것을 목표로 삼는데, 어느 정도 수행을 해야 해탈하는지는 밝혀져 있지 않습니다. 염불을 하면 서방정토(극락)에 태어난다고도 하는데, 서방정토(극락)에서 계속 염불하면 해탈하지만, 실패하면 다시 다른 차원으로 윤회한다니 끝이 잘 보이지 않습니다.

무속에서는 저승을 말합니다만, 이승보다 더 낫다는 보장이 전혀 없는 곳입니다. 누구나 죽으면 가는 곳일 뿐 우리가 원하는 자유, 행복, 만족, 평안이 주어지는 곳이라는 약속은 없습니다. 선인이든 악인이든 누구나 죽으면 자동으로 가는 세상일 따름입니다. 그러니 굳이 거기에 먼저 갈 이유도 없습니다. "개똥밭에 굴러도 이승이 낫다"는 속담이 있는 까닭이 여기 있습니다. 아무런 보장도 없는 그곳에 가기보다는 어떻게든 이 지상세계에서 더 오래 살려는 우리 민족의 마음을 잘 표현하고 있는 속담입니다.

구원을 정치, 경제, 교육으로 해결하려는 노력도 역사 이래 계속되고 있으나 아직도 모색 중입니다. 예컨대 자본주의와 사회주의 두 모델이 있지만, 각각 치명적인 단점이 있어 서로의 장점을 따다가 절충하는 상태이며 국민 모두가 행복한 나라는 아직 없습니다. 그나마 기독교사회주의를 표방하는 북유럽의 몇 나라가 모범적이라고 하지만, 자살률이 높은 것을 비롯해 완전한 구원은 요원한 듯합니다. 상대적인 차이만 있을 뿐입니다.

기독교 복음은 다릅니다. 왜 우리에게 구원이 필요한지부터 설명합니다. 기독교는 죄 때문에 모든 고통, 악, 죽음이 생겼고 그 죄를 해소해야만 죽음에서 벗어난다고 말합니다. 창조주인 하나님을 의지하고 순종해야 하는데, 말씀을 어기고 하나님처럼 되려고 한 게 아담이 저지른 죄의 본질입니다. 창조주와의 올바른 관계가 파괴된 것이지요. 죄의 값은 사망입니다(롬 6:23). 곧 죽어야만 해결됩니다. 그런데 죄인인 우리의 노력으로는 불가능합니다. 불결한 제물이 효험이 없듯 죄인의 죽음도 효력이 없습니다.

그래서 **하나님이 대신 해결하셨습니다.** 하나님이 우리의 죄(또는 죄의 경향성) 대신 죽어주셨습니다. 푸닥거리에서 닭이 대신 피 흘려 죽음으로 병을 앓던 사람이 낫는다고 믿는 것처럼, 죄 때문에 죽어야 할 우리 대신 하나님의 아들 예수 그리스도가 피 흘려 죽으심으로 단번에 해결되었습니다! 그 사실을 믿는 선택을 하기만 하면(믿지 않으면 안 됨), 창조주와의 올바른 관계가 회복되어 다시 그 자녀 신분을 회복할 수 있습니다. **하나님이 예수님을 통해 '이미' 해결하셨습니다! 구원의 길을 열어놓으셨습니다!**

이것이 기독교 복음입니다. 이 사실을 믿고 받아들여 고백하기만 하면 됩니다! 그 예수를 삶의 주인으로 마음에 모셔 들이기만 하면 됩니다! 그 순간 구원이 시작되며, 구원의 기쁨을 누릴 수 있습니다. 마이너스였던 내 통장에 누군가가 계좌이체를 해줘 플러스 상태로 바뀌는 것으로 표현할 수도 있습니다. 빚이 청산되어 자유와 풍요를 누리게 되었으니, 믿고 그 확신 가운데 마음껏 즐기라는 선언입니다. 이것이 기독교의 복음입니다.

그러므로 **기독교는 종교라기보다는 복음**(Good News), **곧 기쁜 소식**입니다. 종교개혁을 일으킨 마르틴 루터가 성경에서 발견한 게 바로 이 진리입니다. 수도사로서 구원을 얻기 위해 각종 고행을 다해도 불안감과 좌절감만 더해지던 어느 날 로마서 1:17 "오직 의인은 믿음으로 말미암아 살리라"는 말씀으로 구원의 감격을 맛보아 종교개혁의 깃발을 올렸던 것이지요. 진리는 항상 단순합니다. 쉽습니다.

공자가 남긴 유명한 말이 있습니다. "아침에 도(진리)를 들으면 저녁에 죽어도 좋다." 이 말을 뒤집으면 평생을 살아도 도(진리)를 듣지 못하면 무의미하다는 얘기입니다. 성경에서 말하는 기독교 복음이야말로 바로 그 도(진리)이고 기쁜 소식입니다.

이렇게 말해도 너무 쉬워 믿지 못하겠다는 분이 많습니다. 특히 "인과응보", "콩 심은 데 콩 난다", "공짜는 없다", "지성이면 감천" 등 원인이 있어야만 결과가 있다는 인과율을 철저히 믿는 한국인들은 얼른 믿기 어려운 게 이 기독교 구원의 메시지입니다. 특히 유교적인 합리주의가 강하게 작용해서 은혜를 거저 입는 데 대한 거부감 혹은 의구심 같은 게 있습니다. 낯선 것이지요. 이런 분들에게 들려주고 싶은 이야기가 하나 있습니다. 아주 유명한 예화입니다.

19세기 미국의 유명한 전도자 무디가 영국의 한 탄광촌을 방문하여 복음을 전했습니다. 책임자에게 구원에 대해 설명하자 그가 이렇게 말했습니다.

"구원이 너무 값싼 것 아닙니까? 믿기만 하면 된다니요. 뭔가 값을 좀 치러야 하는 것 아닙니까?"

무디가 물었습니다.

"당신은 오늘 갱도에 들어갔나요?"

"네."

"얼마나 깊이 내려갔지요?"

"수십 미터 될 겁니다."

"어떻게 내려갔습니까?"

"간단합니다. 승강기를 타고 버튼만 누르면 됩니다."

"정말 그것밖에 하신 일이 없습니까?"

"그럼요, 석탄회사에서 승강기를 설치했으니 저는 그저 그것을 타면 됩니다."

그러자 무디가 이렇게 말했습니다.

"바로 그겁니다. 선생이 믿고 승강기를 타듯 하나님이 우리를 위해 예수 그리스도를 십자가에서 대신 죽게 하셨으니 우리는 그저 그걸 믿기만 하면 됩니다. 십자가의 승강기를 타고 믿음의 버튼만 누르면 됩니다."

지금도 마찬가지입니다. 하나님이 일방적으로 베풀어놓은 구원의 은총을 그냥 믿고 받아들임으로써 우리의 구원은 시작합니다. 물론 구원의 확신을 가진 이후에도 여전히 사탄이 유혹하는 지상에서 악과 싸우며 살아야 하는 과정이 남아 있어 긴장이 필요하기는 합니다. 우리는 주님이 오시는 날 완성되는 최종 구원을 기다리며 불의한 시스템에 저항하면서 살아야 합니다. 구원받은 사람답게 구별되게 살아서 아직 구원을 모르는 사람들에게 구원의 확신을 가진 사람의 여유와 능력을 보여주어야 합니다. 죄의 경향성이 있는 우리 본성으로는 불가능한 일입니다. 믿는 순간, 즉 회개하고 하나님의 영이신 그리스도 예수를 영접하는 순간 예수님이 보내신 성령님이 우리 안에 들어와 살면서 돕기에 가능합니다. 성령님의 도우심 덕분에 끝날까지 견딜 수 있고, 마침내 승리할 수 있습니다.

- 무엇을 믿어야 할 것인가, 무엇을 욕구해야 할 것인가, 무엇을 해야 할 것인가 아는 것은 인간의 구원을 위해 필요하다. **_토마스 아퀴나스**
- 구원이 이미 우리 손 안에 있고 힘들여 찾지 않아도 된다면 거의 모든 인간은 구원을 등한시할 것이다. 훌륭한 것은 드문 만큼 어렵기도 한 것이다. **_스피노자**
- 아침에 도(道)를 들으면, 저녁에 죽어도 괜찮을 것이다. **_공자**
- 사람이 일생 도를 듣지 못한다면 비록 오래 산다고 해도 무엇 하겠는가? 사람으로서 도를 들으면 삶도 헛되지 않고 그 죽음도 헛되지 않다. 만약 도를 듣지 못했다면 삶도 잘못된 것이고, 그 죽음도 잘못된 것이다. **_주자**
- 내 마음이 바르고 내 기(氣)가 화순하면 천지의 기(氣)도 반드시 왕성할 것이다. 사람의 장수(長壽)와 요사(夭死, 일찍 죽음)가 어찌 천지의 기(氣)에 달려 있지 않겠는가? 그렇기 때문에 천지가 제자리를 잡고 만물을 자라나게 하는 것은 한 사람의 수덕(修德, 덕을 닦음)에 달려 있다. 천지의 화육에 참여하고 협찬하여 천지와 더불어 영원히 존재하는 것인데, 어찌 단명과 장수로써 그 생사를 논할 수 있겠는가? 우리 유가의 도리에서 장생불사란 이와 같은 데 지나

지 않을 뿐이다. _**율곡**

• 옛 성인이 하늘을 섬기는 학문이란 인륜을 벗어나지 않고, 곧 이 '서'(恕, 용서
할 서) 자가 사람을 섬길 수 있고, 하늘을 섬길 수 있는 것이다. _**다산**

10
성령

기독교에만 있는 개념 가운데 하나가 성령입니다. 성령님은 삼위일체 하나님 가운데 한 분입니다. 성부 하나님, 성자 하나님(예수님)과 함께 태초부터 계셨습니다. 구약 시대에는 왕, 제사장, 예언자 같은 특별한 사람에게만 임해서 역사하시다가 예수님이 부활 승천하신 후에는 예수님을 대신하여 모든 신자를 돌보고 계십니다.

성령님은 인격적인 분이십니다. 성부 하나님, 성자 예수님처럼 똑같이 독립적인 인격을 가진 분이십니다. 우리를 위해 탄식하시며, 감성도 가진 분입니다.

이와 같이 성령께서도 우리의 약함을 도와주십니다. 우리는 어떻게 기도해야 할지도 알지 못하지만, 성령께서 친히 이루 다 말할 수 없는 탄식으로, 우리를 대신하여 간구하여 주십니다(롬 8:26).

그뿐만이 아닙니다. 우리가 성경을 읽을 때 깨닫도록 하시며, 거룩하게 살 수 있도록 도와주십니다.

성령님에 대한 오해가 더러 있습니다. 세 가지 정도입니다. 문제점을 지적하면서 성령님의 진실을 설명하고자 합니다.

(1) 성령님은 물건처럼 주고받을 수 있는 게 아닙니다. "성령을 받아라", "불 받아라"라는 말 때문에 이런 오해를 많이 합니다. 예수님이 "성령을 받으라"고 하신 것은 인격적인 성령님을 영접해 모셔 들여라, 그가 하시는 대로 순종하라는 말씀이지 물건처럼 여기라는 게 아닙니다.

(2) 성령님은 우리가 마음대로 소유할 수 있는 대상이 아닙니다. 성령님을 소유물로 생각하면 마음대로 부릴 수 있다고 여겨 자신이 원하는 장소와 시간에 성령이 역사하게 할 수 있다고 여깁니다. 흔히 이단들이 그렇습니다. 병도 고치고, 방언도 터지게 하고 등등 자신들이 성령님을 역사하게 해 그런 일을 마음대로 할 수 있다고 생각합니다. 특히 부흥집회에서 그러기 쉽습니다. 틀렸습니다. 성령님이 우리를 소유하십니다. 성령님 마음입니다. 성령님이 필요하면 역사하시지만 우리가 잘못하면 떠나십니다.

> 주님의 눈을 내 죄에서 돌리시고, 내 모든 죄악을 없애주십시오. 아, 하나님, 내 속에 깨끗한 마음을 창조하여 주시고 내 속을 견고한 심령으로 새롭게 하여 주십시오. 주님 앞에서 나를 쫓아내지 마시며, 주님의 성령을 나에게서 거두어 가지 말아주십시오(시 51:9-11).

성령을 소멸하지 마십시오(살전 5:19).

(3) 성령 받은 증거를 방언할 줄 아는가로 판정할 수 없습니다. 오순절 신학이 우리나라에 들어와 유행하면서 성령을 받았으면 반드시 방언을 할 줄 알아야 하는 풍조가 생겼습니다. 방언할 줄 모르면 성령을 받지 않았다고 여기는 것입니다. 아닙니다. 우리가 회개하고 주님을 영접할 때 이미 성령을 받았습니다. 성령을 받지 않고는 주님을 영접할 수 없습니다. 다만 늘 그 상태가 온전하게 유지되도록 하는 것이 성령 충만입니다. 사탄의 세력(옛사람, 즉 내 육적인 욕망)이 조금도 틈타지 못하는 상태, 그게 성령 충만입니다. 고(故) 옥한흠 목사님처럼 존경받는 분도 끝내 방언의 은사는 받지 못했다고 고백했습니다.

아울러 방언의 은사는 성령의 은사 중 하나일 뿐 가장 큰 것도 아닙니다. 심지어 폐지될 것이라고도 했습니다. 은사는 모두 교회를 섬기기 위해서 주신 것입니다. 고린도 교회는 성령의 은사가 충만한 교회였으나 영적으로 성장하지 못했고(고전 1:4-7; 3:1-4), 분열과 분당이 심했으며(고전 1:10-4:21), 서로 자기가 받은 은사가 더 크다고 자랑하며 뽐내는 교인들이 꽤 많았습니다. 방언의 은사도 자랑하기 위해 공적인 예배에서 소란을 피워 예배 질서가 흐트러져 바울의 지적을 받았습니다.

성령을 받은 증거는 방언하는 능력이 아니라 성령의 9가지 열매입니다(갈 5:22-23). 사랑, 희락, 화평, 오래 참음, 자비, 양선, 충성, 온유, 절제가 그것입니다. 이것이 없다면 성령을 받은 사람이 아니거나 성령 충만한 상태가 아닙니다. 나날이 인격이 변화해가는 사람이 성령 충만한 사람입니다. 성령의 인도를 따르기에 그럴 수 있습니다. 그는 진리 안에 사는 사람입니다.

그는 진리의 영이시다. 세상은 그를 보지도 못하고 알지도 못하므로, 그를 맞아들일 수가 없다. 그러나 너희는 그를 안다. 그것은 그가 너희와 함께 계시고, 또 너희 안에 계실 것이기 때문이다(요 14:17).

그러나 보혜사, 곧 아버지께서 내 이름으로 보내실 성령께서, 너희에게 모든 것을 가르쳐 주실 것이며, 또 내가 너희에게 말한 모든 것을 생각나게 하실 것이다(요 14:26).

성령이 아니면 우리는 육적인 사람으로만 삽니다. 그 모습은 이렇습니다. 음행, 더러운 것, 호색, 우상숭배, 주술, 원수 맺는 것, 분쟁, 시기, 분냄, 당 짓는 것, 분열, 이단, 투기, 술 취함, 방탕함 등입니다(갈 5:19-21).

끝으로 하나님의 영인 **성령님과 우리가 흔히 말하는 귀신, 사탄은 어떻게 다른지** 다루어 보겠습니다. **귀신은 사탄의 졸개들**입니다. **귀신의 대장은 사탄, 즉 마귀, 옛뱀, 용**입니다. 원래는 천사였는데, 하나님께 반역을 일으켜 하늘에서 쫓겨나 지상으로 내려온 악한 천사입니다(사 14:12; "웬일이냐, 너, 아침의 아들, 새벽별아, 네가 하늘에서 떨어지다니! 민족들을 짓밟아 맥도 못 추게 하던 네가, 통나무처럼 찍혀서 땅바닥에 나뒹굴다니!"). 귀신들은 그 사탄에 동조하여 반역에 참여했다가 함께 쫓겨 내려온 복수의 악한 천사들입니다.

사탄과 귀신들은 인간이 하나님을 믿지 못하도록 유혹합니다("정신을 차리고, 깨어 있으십시오. 여러분의 원수 악마가 우는 사자 같이 삼킬 자를 찾아 두루 다닙니다", 벧전 5:8). 예수님이 오셔서 하신 중요한 일 가운데 하나가 이 귀신을 쫓아내는 것이었습니다. 사도들도 그 일을 계승했습니다.

우리 한국의 전통적인 귀신은 이와 다릅니다. 한국인이 믿는 귀신은 크게 두 가지로 자연신과 인신(人神)입니다. 자연신은 해, 달, 별, 나무, 물처럼 자연물을 신격화한 것입니다. 성경에서는 이를 우상이라 하여 단호히 배격합니다. 자연은 하나님의 피조물에 불과한데 왜 섬기느냐고 누누이 강조합니다.

인신은 사람의 죽은 혼령이 신으로 대우받는 경우입니다. 이 인신 가운데 조상이나 명성황후, 남이 장군 등의 영혼은 인간에게 은혜를 베푼다고 믿지만, 한을 품고 죽은 영혼은 저승에 가지도 못하고 지상에 머물러 사람을 해코지한다고 믿습니다. 우리가 흔히 귀신이라고 부르는 대상은 바로 이 한을 품고 죽어 이승에 머물러 해코지하는 존재입니다(원래 귀와 신은 구별된다. 귀는 잡귀 또는 악신을, 신은 선신을 가리킨다). 성경은 이 인신에 대해 뭐라고 말할까요?

성경에서는 **우리가 죽으면 육은 흙으로, 영은 천국(낙원) 아니면 지옥(음부)으로** 가는데, 한번 가면 다시는 지상에 나오지 못한다고 기록하고 있습니다. 어떤 영혼이든 다시는 지상세계에 영향력을 행사하지 못한다고 가르칩니다. 누가복음 16장에 나오는 거지 나사로와 부자에 대한 비유 말씀이 대표적입니다. 개역개정판으로 그 일부를 소개하면 다음과 같습니다.

한 부자가 있어 자색 옷과 고운 베옷을 입고 날마다 호화롭게 즐기더라. 그런데 나사로라 이름하는 한 거지가 헌데 투성이로 그의 대문 앞에 버려진 채 그 부자의 상에서 떨어지는 것으로 배불리려 하매 심지어 개들이 와서 그 헌데를 핥더라. 이에 그 거지가 죽어 천사들에게 받들려 아브라함의 품에 들어가고 부자도 죽어 장사되매, 그가 음부에서 고통 중에 눈을 들어 멀리 아브라함과 그의 품에 있는 나사로를 보고, 불러 이르되, "아버지 아브라함이여 나를 긍휼히 여기사 나사로를 보내어 그 손가락 끝에 물을 찍어 내 혀를 서늘하게 하소서. 내가 이 불꽃 가운데서 괴로워하나이다." 아브라함이 이르되, "얘 너는 살았을 때에 좋은 것을 받았고 나사로는 고난을 받았으니 이것을 기억하라. 이제 그는 여기서 위로를 받고 너는 괴로움을 받느니라. 그뿐 아니라 너희와 우리 사이에 큰 구렁텅이가 놓여 있어 여기서 너희에게 건너가고자 하되 갈 수 없고 거기서 우리에게 건너올 수도 없게 하였느니라"(눅 16:19-26).

이렇습니다. 어떤 이는 아브라함의 품인 '낙원'에, 어떤 이는 '음부'에 있다가 주님이 재림하시면 모두가 부활합니다. 육체와 영이 다시 결합하고 변화된 상태로 믿는 자는 새 하늘과 새 땅에 들어가 영생하고, 불신자는 불못에 들어가 지냅니다.

서울의 모 교회 아무개 목사가 주장해 **이단 시비를 일으킨 귀신론**은 귀신을 제명에 죽지 못한 불신자의 영으로 봅니다. 우리 민간신앙의 귀신 관념을 그대로 받아들인 것입니다. 이는 성경이 말하는 귀신이 아닙니다. 그래서 문제가 있습니다. 또 하나 이 목사는 모든 질병이 귀신으로부터 온다고 주장합니다. 질병은 바이러스에 의한 것일 수도 있고, 하나님의 뜻을 이루기 위함일 수도 있고, 스트레스에서 오는 것도 있을 텐데, 이 목사는 모든 병을 억울하게 죽은 영, 즉 귀신의 장난이라고 봅니다. 합리적이지도 않고 성경적이지도 않습니다. 우리 죄 때문에 병들거나 하나님의 뜻을 위해서라고 하는 게 성경의 가르침인데 아픈 이유를 일률적으로 귀신으로만 몰아가기 때문이지요.

- 하나님의 마음은 성경 속에 잘 나타나 있다. 그러나 우리는 성령의 안경 없이는 아무것도 볼 수 없다. _토마스 만톤
- 말씀이 충만하지만 성령이 없으면 우리는 말라버린다. 성령이 충만하지만 말씀이 없으면 우리는 감정에 치우친다. 말씀과 성령이 충만하면 우리는 자라난다. _데이빗 왓슨
- 당신 생애에 능력이 없는 것은 성령께 전적으로 맡기지 않았기 때문이다. _무디
- 성경이 성령의 감동으로 기록된 것임을 나는 안다. 왜냐하면 성령이 성경을 통해 나를 감동시키기 때문이다. _존 웨슬리
- 성령의 채움을 얻기 위해서는 먼저 비움이 선행되어야 한다. _토저
- 영적 성숙은 미래를 아는 것이 아니라, 매 순간 성령의 음성에 반응하는 것이다. _마크 배터슨
- 성인이 도를 지니고 천하에 임하여 무위(無爲)로 다스리면, 귀신 또한 신통력을 부리지 않고, 성인과 함께 백성들에게 은덕을 베푼다. _노자
- 계로가 귀신 섬기는 것에 대해 물으니, 공자께서 말씀하셨다. "아직 사람을 잘 섬길 수 없다면, 어찌 귀신을 섬길 수 있겠는가?" (계로가 물었다.) "감히 죽음에 대해 여쭙니다." (공자께서 말씀하셨다.) "아직 삶을 알지 못하면서, 어찌 죽음을 알 수 있겠는가?" _「논어」

- 귀신의 덕은 성대하도다! 보아도 보이지 않고, 들어도 들을 수 없지만, 만물을 주관하여 빠뜨릴 수 없다. _『중용』

- 귀신이란 천지의 공용이자 조화의 자취(鬼神 天地之功用而造化之迹也)다. 이기(二氣)로써 말하면 귀(鬼)라는 것은 음의 신령스러움이고 신(神)은 양의 신령스러움이다. 일기(一氣)로써 말하면 지극하면서 펼쳐지는 것은 신(神)이고 돌이켜 되돌아오는 것을 귀(鬼)라고 한다. _주자

11
복음

기독교의 별칭은 '복음'입니다. 성경을 '복음'이라고도 합니다. 맞습니다. 기독교는 종교라기보다 '복음'(福音), 즉 '기쁜 소식'입니다. 왜 기쁜 소식일까요? 복음은 우리의 죄가 용서받았다는 소식이기 때문입니다. 다른 종교에서는 무엇인가 종교적 실적을 쌓아야만 죄도 용서받고 구원이 가능하다고 말합니다. 요즘 말로 마일리지가 쌓여야만 한다고 합니다. 기독교는 다르게 말합니다. "우리의 노력은 필요 없다! 하나님이 예수님을 통해 대신 해주셨다! 모든 죄가 용서받았다! 너는 자유다! 평안하게 살아라! 하나님의 자녀답게 당당하게 살아라!"

러시아의 문호 도스토옙스키가 반란 사건에 연루되어 사형을 받기로 한 날이었습니다. 집행 직전 기적적으로 사형집행을 중지하라는 황제의 명령이 내려와 간신히 목숨을 건졌다고 하죠. 사형수에게 사형집행 중지 명령 소식이야말로 복음 중의 복음일 것입니다. 기독교의 복음이 그렇습니다. 복음의 내용을 단계별로 소개하면 다음과 같습니다.

1단계: 인간은 모두 죄인입니다. 하나님이 처음에 인간을 창조하셨을 때는 죄가 없었습니다. 에덴동산에서 인간은 하나님과 함께 부족한 것 없이 행복하게 살았습니다. 하지만 사탄이 틈을 타고 들어와 유혹합니다. 선악을 알게 하는 나무의 열매를 먹으면 하나님처럼 된다는 말에 넘어가 하와가 그 열매를 따 먹고, 아담에게 주어 먹게 함으로써 범죄합니다. 그리스어로 죄는 하마르티아(과녁에서 벗어남)입니다. 곧 하나님의 뜻에서 벗어난 것은 모두 죄입니다. 선악과를 먹으면 죽는다고(하나님과의 분리) 하나님이 일러주셨건만, 하나님의 말씀보다 사탄의 유혹에 넘어갔으니 빗나간 거죠. 거룩하신 하나님은 죄인인 인간과는 함께 있을 수 없어 아담과 하와를 에덴에서 추방했습니다. 하나님과 분리되자 노동과 해산이 고통으로 변했습니다. 사탄이 지배하며 유혹하는 세상으로 바뀐 것입니다. 하나님이 원래 의도했던 세상이 왜곡되고 변질된 것이죠.

그 후손인 우리도 강력한 죄의 경향성으로 말미암아 욕망과 사탄의 유혹이 복합적으로 작용해 자주 죄를 선택하며 살아갑니다. 그 죄책감 때문에 참된 평안을 누리지 못하고 살다가 육체적인 죽음에 이어 마침내 영원한 죽음에 이르고 맙니다. 하나님과의 영원한 분리죠.

> 모든 사람이 죄를 범하였습니다. 그래서 사람은 하나님의 영광에 못 미치는 처지에 놓여 있습니다(롬 3:23).

> 나쁜 생각은 사람의 마음에서 나오는데, 곧 음행과 도둑질과 살인과 간음과 탐욕과 악의와 사기와 방탕과 악한 시선과 모독과 교만과 어리석음이다

(막 7:21 - 22).

우리는 모두 부정한 자와 같고 우리의 모든 의는 더러운 옷과 같습니다. 우리는 모두 나뭇잎처럼 시들었으니, 우리의 죄악이 바람처럼 우리를 휘몰아 갑니다(사 64:6).

2단계: 죄에는 형벌이 따릅니다. 그것은 사망입니다.

죄의 삯은 죽음이요, 하나님의 선물은 우리 주 예수 그리스도 안에서 누리는 영원한 생명입니다(롬 6:23).

사람이 한 번 죽는 것은 정해진 일이요, 그 뒤에는 심판이 있습니다(히 9:27).

인간 스스로는 이 근본적인 죄의 문제를 해결할 수 없습니다. 교육으로도 경제로도 법으로도 한계가 있습니다. 오직 한 가지 완전한 해결책이 있습니다.

3단계: 예수님이 우리 대신 형벌을 받으셨습니다. 우리 죄의 해결책이 무엇일까요? 제사 지낼 때 죄 없는 동물이 인간을 대신해 피 흘려 죽음으로써 사람의 죄가 용서받는 것처럼, 죄 없는 누군가가 희생양으로서 우리를 위해 죽어야만 우리 죄가 용서받습니다. 바로 그분이 예수 그리스도(메시아, 구세주)입니다. 거룩하신 하나님의 유일무이한 아들이므로,

죄가 없는 그분이 십자가에 달려 죽어주셨습니다. 그분이 피 흘려 죽으심으로 우리의 모든 죄가 용서받았습니다.

4단계: 예수님을 믿고 모셔 들이면 됩니다. 우리가 이 사실을 믿고 고백하며 예수님을 구주로 모셔 들이기만 하면 됩니다. 받아들일 수도 있고 거부할 수도 있으나, 담대히 받아들이는 선택을 하기만 하면 됩니다. 그 순간 우리에게는 하나님의 자녀로 인정받는 특권이 허락됩니다.

> 그러나 그를 맞아들인 사람들, 곧 그 이름을 믿는 사람들에게는, 하나님의 자녀가 되는 특권을 주셨다(요 1:12).

> 보아라, 내가 문밖에 서서, 문을 두드리고 있다. 누구든지 내 음성을 듣고 문을 열면, 나는 그에게로 들어가서 그와 함께 먹고, 그는 나와 함께 먹을 것이다(계 3:20).

다른 누구의 약속이 아니라, 하나님이면서도 이 땅에 섬기러 오신 예수님이 하신 말씀이기 때문에 믿을 만합니다. 예수님을 믿어 마음에 모셔 들인 사람은 지상에서도 구원의 확신 가운데 평안하고 기쁜 삶을 형제자매들과 더불어 누립니다. 그러다가 주님이 다시 오시는 날 부활(변화)하여 모든 형제자매와 함께 영원한 나라에서 영생을 누립니다. 에덴동산에서와 같이 다시 창조주 아버지 하나님과 예수 그리스도와 함께 영원히.

복음이 있어도 전달되지 않으면 헛일입니다. 전달해도 믿지 않으면 헛일입니다. "아침에 도를 들으면 저녁에 죽어도 좋다." 공자의 말입니다. 기독교식으로 말하자면 아침에 복음, 즉 기쁜 소식을 들으면 저녁에 죽어도 좋다고 할 수 있습니다. 이 말을 뒤집으면 평생을 살아도 진리를 모르면 헛일이라는 말입니다. 과연 그렇습니다. 성경이 말하는 이 기쁜 소식을 듣지 못하면 평생 양심의 가책으로 진정한 평안을 맛보지 못할 수 있습니다. 죄가 용서받았다는 이 소식을 듣고 믿는 순간 우리는 언제 죽어도 좋다는 고백을 할 수 있을 만큼 자유로워집니다.

- 오직 한 분 하나님이 계시기에, 오직 하나의 복음이 있을 수 있다. _**제임스 데니**
- 복음은 깊은 사색 끝에 내려진 결론이 아니라 단순한 사실이다. 그것은 진리이신 한 분에 대한 기록이다. _**알렉산더 맥클라렌**
- 하나님은 성경 속에만 복음을 써놓지 않으셨다. 나무와 꽃과 구름과 별들 가운데에도 기록하셨다. _**마르틴 루터**
- 복음은 선포되는 것이지 토론되는 것이 아니다. _**제임스 S. 스튜어트**
- 율법은 죄인들을 정죄하기 위하여 있고, 복음은 용서를 베풀고 구원하기 위하여 있다. _**C. J. 엘리코트**
- 성령은 신자가 확신을 얻는 데 동기가 되나, 복음은 그 근거가 된다. _**J. C. P. 코커톤**
- 아침에 도(道, 진리)를 듣고 깨달으면 저녁에 죽어도 좋다(朝聞道 夕死可矣). _**공자**

12
기도

기도란 무엇일까요? 표준국어대사전의 풀이는 이렇습니다.

> 인간보다 능력이 뛰어나다고 생각하는 어떠한 절대적 존재에게 빎. 또는
> 그런 의식.

불완전하고 약한 인간이 절대자 또는 초월자에게 비는 것이 기도입니다.
이 기도는 **인간에게만 있는 특징**이며, 동서고금의 보편적인 현상이기도
합니다. 우리나라만 하더라도 고대부터 현대에 이르기까지 문학사에 꾸
준히 기도가 등장하고 있습니다. 「단군신화」에서 웅녀는 임신하기를 기
도하고, 「광개토호태왕비문」에서 주몽은 물을 건너게 해달라고 하늘에
기도하며, 현대에 와서는 김현승 시인이 기도시를 썼습니다.

유교 성리학이 지배했던 조선 시대에 사대부들도 기도했을까요? 유
교 사대부들은 신을 믿지 않았기에 기도하지 않았을 것으로 알지만 그렇

지 않습니다. 사대부들도 기도했습니다. 조선 성종 대 인물인 최부(崔溥, 1454-1504)의 기도문이 그 사실을 보여줍니다. 인력으로는 어찌할 수 없는 절체절명의 순간 그가 초월자 앞에 무릎 꿇었다는 것을 『표해록』에서 확인할 수 있습니다.

『표해록』은 최부가 지은 작품으로서 우리나라 해양문학의 대표작입니다. 배를 타고 가다가 표류하여 중국에까지 떠내려갔다 살아 돌아온 체험을 고스란히 담고 있어 일찍부터 학계의 주목을 받았습니다. 하지만 유교 사대부인 최부가 표류라는 절체절명의 위기를 만나서 보인 신앙적 반응의 실상과 그 의의에 대해서는 아직 아무도 말하지 않았습니다. 부친상을 치르기 위해 배를 타고 제주도를 떠난 최부 일행이 표류하여 사경을 헤매다 13일 만에 중국에 상륙하기까지, 그 죽음의 위기 앞에서 최부는 처음에는 기원을 거부하다 마침내 다음과 같이 기도합니다. 본문은 그가 도장과 마패를 품 안에 넣고 상복 차림으로 근심스럽고 두려워하는 태도로 손을 비비고 하늘에 빌었다고 쓰고 있습니다.

신이 세상에 살면서 오직 충효와 우애를 마음먹었으며, 마음에는 속임이 없고 몸에는 원수진 일이 없었으며, 손으론 살해함이 없었으니, 하느님이 비록 높고 높지마는 실제로 굽어살피시는 바입니다. 지금 또 임금의 명령을 받들고 갔다가 먼 곳에서 부친상을 당하여 급히 돌아가는 길인데, 신에게 무슨 죄와 과실이 있는지 알지 못하겠습니다. 혹시 신에게 죄가 있으면 신의 몸에만 벌이 미치게 하면 될 것입니다. 배를 같이 탄 40여 인은 죄도 없으면서 물에 빠져 죽게 되었으니, 하느님, 어찌 가엾지 않으십니까? 하느님께서 만약 이 궁지에 빠진 사람들을 민망히 여기신다면, 바람을 거두고 파도를 그치게 하여, 신으로 하여금 세상에 다시 살아나서 신의 갓 죽은 아비를 장사지내게 하고, 노인이 된 신의 어미를 봉양하게 해주십시오. 다행히 다시 궁궐의 뜰 아래에 몸을 조아리게만 해주신다면, 그 후에는 비록 만 번 죽어 살지 못하더라도, 신은 실로 마음에 만족하겠습니다.

최부는 죽음의 위기 앞에서 이성적이거나 합리적으로만 대처한 게 아닙니다. 위에 보인 것처럼 하늘에 빌었습니다. 한계상황에 도달하면 본능적으로 절대자를 의지하는 것이 인간이며, 그 사실을 보여주는 게 기도입니다.

이 글이 의미하는 게 무엇일까요? **조선 후기에 기독교가 들어오기 전에도 기도가 있었다는 사실**입니다. 다만 기도하는 대상을 다르게 불렀습니다. 고려 시대까지는 "天(천), 上帝(상제), 神(신)" 등으로 부르다가, 성리학의 나라인 조선 시대에 들어와서는 고인을 추모하는 제문(祭文) 일색으로 변화했습니다. 중국의 위세에 눌려 감히 하늘에 기도를 드리지 못한 것입니다. 중국의 황제만 하느님께 직접 기도할 수 있다고 보아 그런 것이지요. 그렇다고 해서 조선 시대에 초월자에 대한 기원이 사라진 것은 아닙니다. 그 사실을 최부의 사례가 잘 보여줍니다. 이는 기원하지 않고는 견딜 수 없는 게 인간이라는 사실을 일깨우고 있습니다. 조선 후기에 기독교가 들어와 하나님께 기도한 것은 종전에 초월자에게 기도하던 전통이 부활했다고 이해할 수 있습니다.

그럼 **전통적 기도와 기독교의 기도는 똑같을까요?** 그렇지는 않습니다. 전통적 기도는 '간구' 위주였습니다만, 기독교의 기도는 몇 가지 면에서 다른 특징이 있습니다.

첫째, 간구만이 아니라 감사, 고백, 결단도 포함합니다. 일본의 우치무라 간조는 어떤 날은 온종일 감사만으로 기도를 드렸다고 합니다. 기도의 높은 수준이라 하겠습니다.

둘째, 간구도 인간의 욕망보다는 하나님의 뜻을 이루기 위한 것입니다. 주기도(마 6:9-13)가 그것을 잘 보여줍니다. '주기도'의 정확한 명칭은 '주님의 기도', '주님께서 가르쳐 주신 기도'입니다. 성경 시대 사람들이 기도에 대해 가졌던 오해를 바로잡기 위해 예수님이 가르치신 기도입니다. 주기도의 마지막 구절이 의미심장합니다.

나라와 권능과 영광이 영원히 아버지의 것입니다.

그 앞에서 드린 여러 가지 기도의 최종 목적을 밝힌 부분입니다. 하나님의 나라와 권능과 영광이 하나님 아버지께 영원히 있기 때문에, 그래서 (그래야 하므로) 기도를 드린다는 것을 결론으로 말하고 있습니다.

이 대목은 **기독교 기도의 특징**을 보여주기 때문에 아주 중요합니다. 기도가 인간의 욕망을 이루기 위해 하나님을 이용하는 것이 아니라, 하나님을 위해 인간이 수단이 되어 드리는 것이라는 사실을 드러내기 때문입니다. 영화 〈브루스 올마이티〉에서 주인공 브루스는 우연히 신을 만나 전능한 힘을 부여받고 세상을 마음대로 주무르기 시작합니다. 그러나 브루스처럼 인간들의 기도를 그대로 다 들어주었다가는 이 세상이 아수라

장이 될 게 뻔합니다. 서로의 욕망이 상충하기 때문이죠.

절대 선하시고 완전하신 하나님의 뜻에 인간이 순종하는 것이야말로 인류의 행복을 보장하는 가장 좋은 길일 겁니다. 내 욕망을 절제하고 하나님의 뜻을 따르기 위한 과정, 이것이 기독교 기도의 가장 큰 특징입니다. 우리 모두가 그런 기도를 드리며 산다면, 하나님 나라는 앞당겨지지 않을까요? 사랑과 희생의 공동체가 이루어지지 않을까요?

- 기도는 혼을 지키는 성채다. _아우구스티누스
- 하나님은 사람들의 기도를 듣고 계신다. 그러나 기도를 올린 사람 중에 누가 하나님의 음성을 들은 적이 있는가? _호메로스
- 자기 밭에 쪼그리고 앉아 풀을 뽑는 농부의 기도, 노를 젓느라 구부린 사공의 기도, 그들의 기도는 세계 어디에서나 들리는 참다운 기도다. _에머슨
- 기도를 습관으로 하는 사람의 기도는 진실하지 않다. _탈무드
- 사랑이 지나친 법이 없듯이, 기도가 지나친 법은 더욱 없다. _**빅토르 위고**
- 하늘에 죄를 얻으면, 빌 곳도 없다. _**공자**

13

회개

기독교 신앙에서 회개는 아주 중요합니다. 예수님도 강조하셨습니다.

> 그때부터 예수께서는 "회개하여라. 하늘나라가 가까이 왔다" 하고 선포하
> 기 시작하셨다(마 4:17).

회개는 예수님이 처음으로 전도한 내용입니다. "자복하라"가 아니라 "회개하라"고 했습니다. 예수님보다 6개월 전에 태어나 예수님의 길을 준비한 세례 요한도 회개를 역설했습니다.

> 회개에 알맞은 열매를 맺어라. 너희는 속으로 '아브라함은 우리의 조상이
> 다' 하고 말하지 말아라. 내가 너희에게 말한다. 하나님께서는 이 돌들로
> 도 아브라함의 자손을 만드실 수 있다. 도끼를 이미 나무뿌리에 갖다 놓으
> 셨다. 그러므로 좋은 열매를 맺지 않는 나무는 다 찍어서 불 속에 던지신다

(눅 3:8-9).

천국에 들어가려면 먼저 회개해야 한다는 게 예수님 메시지의 핵심입니다. 회개하지 않으면 하나님 나라에 들어갈 수 없다는 것이지요. 세례 요한의 말도 마찬가지입니다. 회개하여 합당한 열매를 맺어야만 진노를 피할 수 있다고 경고합니다.

회개하지 않으면 어떻게 되는 걸까요? 성경 기록은 다음과 같습니다.

그때에 예수께서는 자기가 기적을 많이 행한 마을들이 회개하지 않으므로, 꾸짖기 시작하셨다. "고라신아, 너에게 화가 있다. 벳새다야, 너에게 화가 있다. 너희 마을들에서 행한 기적들을 두로와 시돈에서 행했더라면, 그들은 벌써 굵은 베 옷을 입고, 재를 쓰고서, 회개하였을 것이다. 나는 너희에게 말한다. 심판 날에 두로와 시돈이 너희보다 견디기 쉬울 것이다"(마 11:20-22).

회개하지 않으면 심판을 받는다고 예수님은 말씀하셨습니다. 계속 하나님과 상관 없는 생활, 하나님과 단절된 생활을 하기에 그렇게 되고 만다는 것이지요.

그런데 회개(悔改)에 대해 우리가 오해하는 게 있습니다. 흔히 자복(自服)을 회개라고 생각하기 쉽습니다. **자복과 회개는 엄연히 다릅니다.** 자복은 그냥 말로만 하는 것입니다. 내가 잘못했다는 사실, 곧 내 죄를 시인하는 것이 자복입니다. 하지만 성경에서 말하는 회개는 다릅니다.

성경은 **그릇된 길에서 돌이켜 하나님께로 돌아오는 것**을 회개라고 말합니다.

> 가령 내가 악인에게 말하기를 "너는 반드시 죽을 것이다" 할 때에, 네가 그 악인을 깨우쳐 주지 않거나, 그 악인에게 말로 타일러서 그가 악한 길을 버리고 떠나 생명이 구원받도록 경고해주지 않으면, 그 악인은 자신의 악한 행실 때문에 죽을 것이지만 그 사람이 죽은 책임은 내가 너에게 묻겠다(겔 3:18).

> 너는 그들에게 전하여라. "나 주 하나님의 말이다. 내가 내 삶을 두고 맹세한다. 나는 악인이 죽는 것을 기뻐하지 않고, 오히려 악인이 그의 길에서 돌이켜 떠나 사는 것을 기뻐한다. 너희는 돌이켜라. 너희는 그 악한 길에서 돌이켜 떠나거라. 이스라엘 족속아, 너희는 왜 죽으려고 하느냐?" 하여라(겔 33:11).

신약성경의 회개는 그리스어로 메타노에오(μετανοέω)입니다. 이는 돌아서거나 길을 바꾸는 것을 의미합니다. 움켜쥔 것을 놓아버리는 것을 의미하기도 합니다. 자복이 말에서 머무른다면, 회개는 자세와 행동의 변화까지 일어난 것입니다. 하나님과 자신의 허물에 대해 생각을 바꾸는 것뿐만 아니라 그렇게 '돌이킴'의 실제적인 결과로서 삶을 바꾸는 것을 가리킵니다(마 4:17; 행 2:37-38). 아래 성경 구절이 메타노에오적인 회개의 대표적인 사례입니다.

삭개오가 일어서서 주님께 말하였다. "주님, 보십시오. 내 소유의 절반을 가난한 사람들에게 주겠습니다. 또 내가 누구에게서 강제로 빼앗은 것이 있으면, 네 배로 하여 갚아주겠습니다." 예수께서 그에게 말씀하셨다. "오늘 구원이 이 집에 이르렀다. 이 사람도 아브라함의 자손이다"(눅 19:8-9).

삭개오는 요즘 시대의 세무서장이었습니다. 그는 로마 식민지 시절 동족의 고혈을 빨아 부를 축적했지요. 위의 성경 구절은 삭개오가 예수님을 영접한 후 회개하여 그 표로 자신이 불의하게 모은 재산을 풀겠다고 약속하는 장면입니다. 진정한 회개는 여기까지 이르러야 한다는 것이 성경의 가르침입니다. 우리가 목표로 삼아야 할 회개의 생활이 이것입니다. 이래야만 비로소 성령님과 동행하는 삶, 충만한 삶이 이루어지겠지요. 이 단계에 이르러야만 생활 전도도 가능해질 것입니다.

- 다시는 똑같이 행동하지 않는 것이 가장 참된 회개다. _마르틴 루터
- 회개하지 않는 죄는 진행되고 있는 죄다. _코리 텐 붐
- 참된 회개는 양면성을 갖고 있다. 눈물을 흘리며 과거의 것들을 지켜보고, 주의 깊은 눈으로 미래를 본다. _로버트 사우스
- 잘못을 깨달았으면 고치기를 꺼리지 말라. _공자
- 사람은 불완전하여 누구나 중정(中正)의 도리에 맞지 않게 과오나 잘못을 범할 수 있다. 그런데 과오에 대한 태도에서 화복·길흉이 엇갈린다. 과오가 있을 때, 뉘우쳐 자신을 채찍질하여 신속하고 올바르게 고칠 때 복이 오고 길하며, 그 반대로 고치는 데 인색하여 남의 탓을 하면서 말을 꾸며 변명만 일삼을 때 화(禍)가 오고 흉(凶)하다. _다산

14
교회

교회의 **그리스어 원어는 '에클레시아'**(ἐκκλησία)입니다. 그 어원적인 뜻은 **'부르심을 받은 사람', 부르심을 받아 따로 떨어져 나온 사람의 모임 (공동체)**을 말합니다. 세상적인 삶의 방식과 문화로부터 따로 떨어져 나와 새로운 삶의 방식과 문화의 세계로 불려 구별된 사람들의 모임이 교회입니다. 하나님을 찬양하고 이웃을 섬기기 위해 모인 신자들의 새로운 공동체이지요. 세상은 피라미드 시스템으로 되어 있어 항상 상층이 하층 위에 군림하지만, 교회는 오직 하나님 한 분만 왕으로 모시고 모두가 대등한 관계로 교제하며, 힘없고 약한 자를 돌보는 공동체입니다.

기독교의 교회에 해당하는 개념은 유교나 불교에서는 찾아보기 어렵습니다. 유교의 향교나 서원은 철저히 상층 남성만의 공간입니다. 불교에도 기독교의 교회 같은 조직은 없습니다. 종단 차원의 제도적 조직은 없고, 지역 또는 개별 사찰 차원의 모임만 더러 있는 정도입니다.

구약성경에서는 '교회'라는 용어가 쓰이지 않습니다. '회중'(會衆)이

란 말이 가장 유사한 표현입니다. 회중은 일반적으로 '이스라엘 백성의 모임'을 가리키는데, 이는 곧 여호와 앞에 한데 모여서 해마다 명절을 지키고 가르침을 받거나 판결도 집행하는 백성을 말합니다(출 35:1). 대부분의 경우 남자들만의 모임이었습니다. 구약성경의 그리스어 번역본에서는 회중을 뜻하는 히브리 낱말을 '에클레시아'로 옮겼습니다. 이방신을 섬기는 지역에서 이스라엘 민족을 따로 불러내어 여호와 하나님을 섬기는 민족으로 선택하셨다는 점에서 이스라엘 회중을 '에클레시아'라 할 만합니다. 구별된 민족, 거룩한 백성이라는 것이지요. 이집트, 아시리아, 페르시아, 로마 제국의 철저한 신분 계급, 즉 피라미드 체제와는 구별되는 거룩한 나라, 하나님을 모신 가운데 모두가 대등한 사회의 구성원으로 살아가야 할 공동체로 부름받은 것입니다. 황제를 거부하고 하나님만 리더로 섬기는 공동체의 시민으로 말입니다.

신약성경에서는 에클레시아란 단어가 쓰입니다. 이 '에클레시아'라는 개념은 문자적으로 '불려 나온 자'를 뜻합니다. 그리스 성읍의 '에클레시아'는 자유민들의 모임인데, 본디는 성읍에 관한 온갖 결정을 내리는 소수를 가리켰습니다. 신약성경에서 '에클레시아'가 이런 세속적인 뜻으로 쓰이는 경우는 매우 드뭅니다(이를테면 행 19:39의 '민회'). 보통 신약성경에서 말하는 '에클레시아'는 예수 그리스도를 통해 하나님이 세상과 죄에서 불러내어 모아 두신 새로운 하나님 백성을 뜻합니다. 이를 개역개정판 성경에서는 '교회'라고 옮겼습니다. 한자로는 敎會(가르친 교, 모을 회)라고 써서 가르치는 모임이라 직역할 수 있는데, 교제를 더 강조해야 한다고 해서 交會(사귈 교, 모을 회)라고 해야 한다는 의견도 있습니다. 어떻게 번역해도 원어를 제대로 반영하기는 어렵습니다. 번역어의 한계죠.

> 나도 너에게 말한다. 너는 베드로다. 나는 이 반석 위에다가 내 교회를 세우
> 겠다. 죽음의 문들이 그것을 이기지 못할 것이다(마 16:18).

이 구절에서 예수께서는 '내 교회'에 대해 말씀하셨는데, 이는 모든 믿는 자들의 모임인 **세계 교회**를 가리킵니다. 하지만 마태복음 18:17("그러나 그 형제가 그들의 말도 듣지 않거든, 교회에 말하여라")의 교회는 신자들이 서로 잘 알고 서로를 고쳐주고 도와줄 수 있는 어떤 **특정 지역의 교회**를 뜻합니다. 신약성경에서는 '에클레시아'가 이런 뜻, 즉 지역 교회의 개념으로 가장 흔히 쓰였습니다. 그와 아울러 공간이 넉넉한 개인 집에서 모이는 **가정 교회**를 표현할 때도 쓰였습니다("그리고 그들의 집에서 모이는 교회에도 문안하여 주십시오. 나의 사랑하는 에배네도에게 문안하여 주십시오. 그는 아시아에서 그리스도를 믿은 첫 열매입니다", 롬 16:5).

사도행전 2:46("날마다 한마음으로 성전에 열심히 모이고, 집집이 돌아가면서 빵을 떼며, 순전한 마음으로 기쁘게 음식을 먹고")의 짤막한 기록에서는 두 가지 형태를 동시에 볼 수 있습니다. 성전에서는 지역 교회의 전 교인들이 함께 모여 예배드리는 한편, 가정에서는 개별적으로 모여 서로 사귀고 성만찬을 거행하고 함께 식사하며 여러 가지 영적인 경험을 나누었다는 것이죠.

교회를 가시적(可視的) 교회와 비가시적(非可視的) 교회로 구분하기도 합니다. 가시적 교회는 보이는 교회로서 바로 여기 지상에 있는 교회, 즉

전투하는 교회를 가리킵니다. 비가시적 교회는 보이지 않는 교회로서 이미 죽어 천국에서 하나님과 함께하는 모든 성도, 즉 '승리한 교회'(church triumphant)를 가리킵니다. '가시적' 교회를 선택받은 자와 선택받지 못한 자가 함께 있는 경험적 교회로 보고, '비가시적' 교회를 하나님만이 아시며, 죽었든 살아 있든 선택받은 모든 자의 무리를 가리키는 교회로 보기도 합니다. 가시적이든 불가시적이든 건물이 필수적인 것은 아닙니다.

그런데도 교회에 대한 오해들이 있습니다. 그 가운데 가장 큰 오해는 교회를 **건물이나 조직으로 여기는 것**입니다. 특히 한국에서는 너도나도 경쟁적으로 큰 예배당을 짓는 데 심혈을 기울이고, 양적인 팽창에 몰입해와서 그런 선입견이 커졌습니다. 심지어 교회를 '성전'이라고까지 부릅니다. 아닙니다. 건물이나 조직이 없어도 교회일 수 있습니다. 건물이나 조직이 아무리 커도 교회가 아닐 수 있습니다.

오늘날 많은 사람이 **한국교회의 위기**를 말합니다. 건물로서의 교회, 그중에서도 주로 **대형교회**를 지향하다가 나타난 위기라고 하지요. 이를 극복하기 위한 대안의 하나로 초기 교회의 가정교회를 주목하자는 견해도 나오고 있습니다. **작은 교회**로 돌아가자는 주장이지요. 충분히 의미 있는 주장입니다. 그 정신을 살리면 대형교회 또는 건물 위주의 교회만을 중시하면서 생긴 문제를 해소할 수 있으리라 봅니다. 작은 교회가 답이라는 그 주장에 귀를 기울여야 합니다. 10-15명 정도의 소규모 신자가 모여서 참으로 거룩한 예배, 깊은 기도, 깊은 교제를 나눌 수 있어야 한다는 것이죠. 이 주장을 음미하면서 오늘날 어떻게 초기 교회의 그 정신을 계승하고 구현할 수 있을지 함께 고민해볼 필요가 있습니다. 사도

행전 2장에 나오는 '작은 천국' 같던 초기 교회가 재현될 수만 있다면, 교회는 세상의 빛이요 소금이겠지요.

로마 제국 초기에 그리스도인의 숫자가 급증해 마침내 콘스탄티누스 황제가 기독교를 허용하는 칙령을 내리기까지 한 데는 초기 교회의 역할이 컸습니다. 로마의 당대 문화와는 달리 딸을 낳아도 버리지 않으며, 동성애를 즐기지도 않고, 전염병이 창궐하자 헌신적으로 나서서 병자들을 돌보면서도 청결한 생활로 사망률이 적자 이에 감동을 받은 새신자들이 폭증했다죠. 오늘날의 교회도 이런 모습을 회복해야 희망이 있습니다. 교회는 에덴을 회복하기 위해 마련해주신 하나님의 대안입니다. 교회는 그루터기, 모판과도 같으며 소수의 상층이 다수의 하층 위에 군림하는 피라미드 체제인 이 세상 한복판에서 하나님 나라를 선포하고 싸우는 임시정부와도 같습니다

"교회" 안지우 作

- 야구는 교회와 같다. 사람들이 많이 오지만, 이해하는 사람은 많지 않다. _레오 듀로셔
- 교회는 가난할 때 더 순결하다. _윌리엄
- 교회는 하나님에 의해서만 유지될 때 가장 아름답다. _파스칼
- 나는 교회를 존중한다. 교회만이 지적 진리와 도덕적 자유를 위해 용기를 드러 낸 까닭이다. _아인슈타인
- 하나님은 모퉁이에 있는 작은 교회를 축복하신다. _토마스 제퍼슨

15
영생

영생(永生)은 아주 중요합니다. 세상 사람들이 종교를 가지고 신앙생활을 하는 가장 큰 목적은 영생 때문입니다. **동물 가운데 인간만이 영생을 생각합니다.** 영생하기 위해서 신을 믿고 신의 말씀을 따른다고 할 수 있습니다. 영생이 없다면, 이 세상에서의 삶이 전부라면 굳이 종교를 가질 필요가 없을지도 모릅니다.

기독교의 영생은 무엇일까요? 성경은 이렇게 묘사하고 있습니다.

보십시오, 내가 여러분에게 비밀을 하나 말씀드리겠습니다. 우리가 다 잠들 것이 아니라, 다 변화할 터인데, 마지막 나팔이 울릴 때에, 눈 깜박할 사이에, 홀연히 그렇게 될 것입니다. 나팔 소리가 나면, 죽은 사람은 썩어 없어지지 않을 몸으로 살아나고, 우리는 변화할 것입니다(고전 15:51-52).

나는 새 하늘과 새 땅을 보았습니다. 이전의 하늘과 이전의 땅이 사라지고,

바다도 없어졌습니다. 나는 또 거룩한 도성 새 예루살렘이 남편을 위하여 단장한 신부와 같이 차리고, 하나님께로부터 하늘에서 내려오는 것을 보았습니다. 그때에 나는 보좌에서 큰 음성이 울려 나오는 것을 들었습니다. "보아라, 하나님의 집이 사람들 가운데 있다. 하나님이 그들과 함께 계실 것이요, 그들은 하나님의 백성이 될 것이다. 하나님이 친히 그들과 함께 계시고, 그들의 눈에서 모든 눈물을 닦아주실 것이니, 다시는 죽음이 없고, 슬픔도 울부짖음도 고통도 없을 것이다. 이전 것들이 다 사라져 버렸기 때문이다." 그때에 보좌에 앉으신 분이 말씀하셨습니다. "보아라, 내가 모든 것을 새롭게 한다." 또 말씀하셨습니다. "기록하여라. 이 말은 신실하고 참되다." 또 나에게 말씀하셨습니다. "다 이루었다. 나는 알파며 오메가, 곧 처음이며 마지막이다. 목마른 사람에게는 내가 생명수 샘물을 거저 마시게 하겠다. 이기는 사람은 이것들을 상속받을 것이다. 나는 그의 하나님이 되고, 그는 내 자녀가 될 것이다"(계 21:1-7).

영생(永生)이란 무엇일까요? 영원히 사는 것입니다. 죽을 수밖에 없는 인간에게 어찌 영원한 생명이 가능할까요?

유교에서도 영생을 생각합니다. 우리와는 다르지만 유교에는 하나님도 내세도 없으므로 자손을 낳아서 자손들이 제사를 지내주는 것으로, 다시 말해 자손들의 기억 속에서 영원히 산다고 생각합니다. 그래서 자식을 낳는 게 중요합니다. 제사를 지내야 기억될 수 있기 때문입니다.

불교에서의 영생은 정토사상, 극락 개념으로 표현되어 있습니다. 정토, 즉 극락에 다시 태어나는 것이 영생과 가장 가깝습니다. 하지만 엄밀히 말하면 정토와 극락도 인생의 종착점은 아닙니다. 윤회의 한 과정일 뿐이며, 상대적으로 보아 다른 데 윤회하는 것보다는 수행하기에 적합해 해탈할 가능성이 높아지는 곳입니다. 석가모니 이전 인도의 전통사고였던 윤회전생 관념도 마찬가지입니다. 다른 몸으로 태어나 영원히 산다고 생각하는 게 불교의 윤회관념입니다. 그런데 윤회한 존재는 그 이전의 인격을 유지하지 않습니다. 전생의 기억이 없기 때문에 다른 존재입니다. 우리 기독교의 영생과 다릅니다. 기독교의 영생은 같은 의식과 몸을 가진 사람으로 영원히 사는 것입니다.

민속에서는 어떻게 생각할까요? 우리가 죽으면 영혼만 저승에 가서 살거나, 귀신이 되어 지상에서 떠돈다고 생각합니다.

유교, 불교, 민속의 공통점이 있습니다. 육체의 죽음을 죽음이라고 보며, 그 몸이 다시 살아나서 새로운 세상에서 산다고 생각하지는 않습니다. 몸이 다시 살아서 영생한다는 생각은 안 합니다. 더러 남의 몸에 들어가서 나머지 삶을 누린다는 생각은 하지만 잠시뿐입니다. **오직 영혼만 영원히 산다고 생각**합니다.

기독교의 설명은 다릅니다. 일단 죽어서 영혼과 육체가 분리되면 그 몸은 땅으로 돌아가고, 영혼은 낙원(불신자의 영혼은 음부)에 갑니다. 이는 첫째 사망입니다. 대부분의 종교에서는 이것이 끝이라고 합니다. 하지만 기독교는 다릅니다. 죽음을 끝이 아니라 과정으로 봅니다.

기독교는 주님이 다시 오시는 날, 신자든 아니든 모든 사람이 부활한다고 믿습니다. 영혼과 육체가 다시 합체한다는 것이지요(주님이 재림할 때까지 살아 있는 사람의 몸은 신비한 몸으로 변화해 주님을 만납니다). 부활해 심판을 받은 후 신자와 불신자의 운명이 갈립니다. **신자는 부활한 몸으로 주님과 함께 영원히 천국**(새 하늘과 새 땅)**에서 삽니다. 불신자들은 부활한 몸으로 영원히 지옥에서 지냅니다.** 불신자의 부활은 둘째 사망이라 합니다. 영원한 죽음이지요. 우리가 흔히 하는 말로, 살아도 산 게 아닌 상태라 할 수 있습니다.

이런 믿음을 가졌기에 그리스도인들은 이렇게 신앙고백 합니다. "장사 된 지 사흘 만에 죽은 자 가운데서 다시 살아나셨으며, 하늘에 오르시어 전능하신 하나님 우편에 앉아 계시다가, 거기로부터 살아 있는 자와 죽은 자를 심판하러 오십니다." 이렇게 예수 그리스도에 대한 신앙을 고백한 다음 마지막에 이런 고백을 합니다. "몸의 부활과 영생을 믿습니다. 아멘."

여기서 오해하면 안 되는 게 있습니다. **죽어서만 영생을 누리는 게 아닙니다.** 지금 여기에서 하나님의 거룩함에 참여하는 질적인 삶을 살 수 있고, 그래야 합니다. 이미 지상에서 생로병사의 굴레에 갇힌 피조물의 한계를 벗어나 하나님의 풍성한 삶을 누려야 합니다. 마치 생명의 씨앗이 옥토 밭에 떨어지면 저절로 싹이 나고 자라 열매를 맺듯이, 우리가 신자가 되어 주님을 모시는 순간 내 안에 하나님의 새로운 생명이 움트고 성장하기 시작합니다. 영원한 생명이신 하나님과 내가 연결되어 있으면 저절로 그렇게 되어갑니다. 예수님의 천국 비유에 나오는 말씀입니다. 그렇습니다. 죽어서만이 아니라 이 땅에서도 순간순간 생명의 충만한 기쁨을 느끼며 살 수 있는 게 기독교 신자의 삶입니다. 그래서 그리스도인은 생명을 해치는 모든 시스템과 힘에 저항하면서 생명력이 약한 이

들을 돕기 위해 자발적으로 불편한 삶을 살아갑니다. 영생을 소유한 사람답게 살아가는 것이지요.

> • 우리는 영생을 약속받았다. 그러나 지금은 죽음에 직면하고 있다. 우리는 부활을 보장받았다. 그러나 지금은 썩을 몸을 가지고 있다. 우리는 의롭다 하심을 받았다. 그러나 우리 속에는 아직도 죄가 꿈틀거리고 있다. _**장 칼뱅**

2장

기독교 신앙생활은
어떻게 하는가?

1
성경 읽기

기독교는 '말씀의 종교'입니다. 경전이 없는 무속과도 다르고, 경전은 있지만 사실상 주문 정도만 외는 종교들과는 달리, 성경이라는 책 속에 계시된 하나님과 그 진리를 믿습니다. 하나님을 사랑한다면 그분의 말씀인 성경을 읽지 않을 수 없습니다. 사랑하고 존경하는 분의 편지나 글을 즐겁게 읽어 그분의 뜻대로 살려고 힘쓰듯, 그리스도인이라면 하나님의 말씀인 성경을 늘 읽으며 살아야 합니다.

성경을 읽어야 건강한 신앙을 유지할 수 있습니다. 목회자의 설교에만 의존하면 안 됩니다. 기독교 특히 개신교에서는 루터의 종교개혁 이후 각자 성령님의 도움(조명)을 받아 성경 말씀을 이해할 수 있다고 믿습니다. 목회자의 설교도 참고해야 하겠지만 각자가 읽고 묵상하면서 그 참뜻을 깨달아 실천하는 게 중요합니다. 그것은 사랑의 실천입니다. 어떤 종파에서는 율법을 지나치게 강조하고, 어떤 종파에서는 개인적인 성령 체험을 지나치게 강조하는데 둘 다 잘못되었습니다. 율법을 강조하면 은혜를 무력화해 유대교처럼 되돌아가기 십상이고, 성령 체험을 지나치게 강조하면 성경보다 개인의 경험을 우선시할 수 있어 역시 위험합니다. 철저하게 성경에 근거해 그것을 기준으로 믿고 살아야 합니다.

성경을 읽을 때는 **구약은 창세기, 신약은 마가복음부터** 먼저 읽는 게 좋습니다. 창세기에는 하나님께서 이 세상을 창조하신 일, 인간이 창조된 후 타락한 일, 이스라엘 민족이 이루어진 일이 기록되어 있습니다. 모든 것의 시작을 말해주고 있으니 중요합니다. 마가복음은 신약의 네 복음서 가운데에서 이스라엘 민족이 아닌 이방인을 위해 기록한 책입니다. 특히 우리나라에는 더 각별한 책입니다. 19세기 말 언더우드와 아펜젤러 선교사가 우리나라에 들어올 때 그 손에 들고 있었던 책이 우리말로 번역된 「마가전복음셔언히」(1885)였기 때문입니다. 이수정이란 양반 사대부가 일본에 갔다가 기독교 신앙을 받아들이고 나서 감사한 나머지 한문으로 된 마가복음을 우리말로 처음 번역했는데, 두 선교사가 일본에 들러 우리말을 공부한 후 바로 이 「마가전복음셔언히」를 가지고 들어왔습니다. 세계 선교 역사에서 보기 드문 일이지요.

요즘은 인터넷이 발달해 핸드폰에도 성경 앱만 깔면 언제 어디에서든 성경을 읽거나 들을 수 있습니다. 책으로만이 아니라 다양한 경로로 성경을 가까이 할 수 있습니다. 대한성서공회 사이트(www.bskorea.or.kr)에 들어가면 다양한 버전의 성경을 볼 수 있습니다. 『관주해설 성경전서』, 『취리히 성경해설 성경전서』 같은 해설판 성경도 나와서 혼자서도 어느 정도 의미를 이해할 수 있어 좋습니다.

2
기도하기와 주기도

기도는 창조주 아버지 하나님께 우리의 모든 것을 아뢰는 행위입니다. 무엇이든지 구하면 들어주시겠다는 주님의 약속에 따라 드리는 것이 기도이니, 기도는 신자의 특권입니다. 자식이 부모에게 감사도 표현하고 필요한 것도 말씀드리는 것처럼 하나님을 모시고 사는 신자는 늘 기도하며 사는 게 자연스럽습니다.

부모에게 아무런 말도 하지 않고, 무엇을 달라는 일도 없다면 정상적인 부모 자식 관계라 하기 어렵습니다. 하나님과 신자 사이에는 기도가 계속 이어져야 합니다. 예수님도 사도 바울도 성경 곳곳에서 기도하라고 강조하고 있습니다. 하나님은 우리에게 꼭 필요한 것을 이미 다 알고 계시기에 가장 적절한 길로 인도해주시고 문제를 해결해주십니다.

기도에 포함되어야 할 주요 내용은 하나님께 대한 **감사, 회개**(고백), **간구, 결단**(다짐) 등입니다. 믿음의 수준이 아주 높아지면 오직 감사만 드릴 수도 있습니다. 성숙한 신자일수록 육체적 필요를 위한 기도보다는 영성과 성결을 위한 기도, 남을 위한 기도, 공동체를 위한 기도의 비중이 높아집니다. 기도를 마무리할 때는 "예수님의 이름으로 기도합니다, 아멘"이라고 합니다.

주기도는 우리가 어떻게 기도해야 할지 알려주시기 위해서 예수님이 보여주신 기도의 모델입니다. 그 기도를 적은 것을 '주기도문'이라 합니다. 성경에도 있지만 찬송가 표지 다음 면에 나와 있으니 외울 정도로 익혀야 하며, 그 정신에 따라 기도해야 합니다.

주기도

하늘에 계신 우리 아버지

아버지의 이름을 거룩하게 하시며

아버지의 나라가 오게 하시며

아버지의 뜻이 하늘에서와 같이 땅에서도 이루어지게 하소서.

오늘 우리에게 일용할 양식을 주시고

우리가 우리에게 잘못한 사람을 용서하여 준 것 같이

우리 죄를 용서하여 주시고

우리를 시험에 빠지지 않게 하시고 악에서 구하소서.

나라와 권능과 영광이 영원히 아버지의 것입니다. 아멘.

3
사도신경으로 하는 신앙고백

사도신경은 초기 교회에서부터 지금까지 우리가 무엇을 믿는지 성경을 근거로 요약하여 고백하는 내용을 글로 적은 것입니다. 예수님의 열두 제자를 사도라고 부르는데, 그분들로부터 시작된 기독교 신앙의 핵심을 담고 있다고 해서 붙여진 이름입니다. 이대로 믿지 않고 일부라도 왜곡하면 이단이 될 수 있습니다. 앞의 주기도와 마찬가지로 암송할 만큼 익혀야 하며 그 고백대로 살아야 합니다.

예수님이 승천하시기 전에 하신 분부가 있습니다. 다음 말씀이 그것입니다.

너희는 가서 모든 족속으로 제자를 삼아 아버지와 아들과 성령의 이름으로 세례를 주고, 내가 너희에게 분부한 모든 것을 가르쳐 지키게 하라(마 28:19-20, 개역한글).

이 지상명령에 따라 열두 사도가 복음 진리의 지침서로서 합작해서 만든 것이 사도신경입니다. 기록물로 남기지는 않았지만, 안디옥교회 공예배 시 신앙으로 고백하기 시작한 이래 기원후 100년경부터 널리 인정받아 현재까지 내려오고 있습니다. 성경의 가르침과 일치되기에 그 권위를 인정받고 있습니다. 대부분의 교회에서는 공식예배 때 이 사도신경으로 함께 신앙을 고백합니다.

사도신경

나는 전능하신 아버지 하나님, 천지의 창조주를 믿습니다.

나는 그의 유일하신 아들, 우리 주 예수 그리스도를 믿습니다.

그는 성령으로 잉태되어 동정녀 마리아에게서 나시고,

본디오 빌라도에게 고난을 받아 십자가에 못 박혀 죽으시고,

장사 된 지 사흘 만에 죽은 자 가운데서 다시 살아나셨으며,

하늘에 오르시어 전능하신 아버지 하나님 우편에 앉아 계시다가,

거기로부터 살아 있는 자와 죽은 자를 심판하러 오십니다.

나는 성령을 믿으며, 거룩한 공교회와 성도의 교제와

죄를 용서받는 것과 몸의 부활과 영생을 믿습니다. 아멘.

4
주일예배 및 각종 모임에 참여하기

일요일을 기독교에서는 주일(主日)이라고 합니다. '주님의 날'이라는 뜻이지요. 구주 예수님께서 부활하신 날이므로 주일이라 부르며, 이날에 예배당에 모여 예배하고 서로 교제하며 기쁨으로 지냅니다. 구약 시대에는 창조를 기념해 안식일을 지켰지만, 신약 시대에는 부활을 더 중시해 자연스럽게 주일에 모여 예배하기 시작해 오늘에 이르고 있습니다.

하나님은 일주일을 리듬으로 살아가도록 인간을 창조하셨습니다. 하루 정도는 푹 쉬어야 건강하기에 한 날을 쉬게 하신 것입니다. 주일에 쉬면서 우리는 예배로 주님을 찬양하며 신자 간의 친밀한 교제로 무디어진 영성을 회복하고 강화합니다. 작은 천국을 경험하면서 말입니다. 기독교가 조선에 들어오기 전 우리 조상들에게는 이런 규칙적인 리듬이 없었습니다.

주일예배 때 드리는 헌금은 감사의 물질적인 표현입니다. 주일헌금의 액수는 정해진 게 없습니다(외식할 때의 식사비 정도라는 의견도 있음). 주일헌금 외에 생일을 비롯하여 감사할 일이 있을 때는 특별헌금을 드리기도 합니다. 헌금할 때 주의할 것은 헌금이 감사의 표현이어야지 더 많은 복을 받기 위해서라든가, 헌금을 하지 않으면 복을 받지 못할까 봐서 드리는 것은 잘못입니다. 헌금은 교회 운영비로 쓰이고 나머지는 대부분 구제와 선교 용도로 지출합니다. 성경에 나오는 교회의 헌금은 원래 '**연보**'(捐補)였습니다.

> 형제들아, 하나님께서 마게도냐 교회들에게 주신 은혜를 우리가 너희에게 알리노니, 환난의 많은 시련 가운데서 그들의 넘치는 기쁨과 극심한 가난이 그들의 풍성한 **연보**를 넘치도록 하게 하였느니라. 내가 증언하노니 그들이 힘대로 할 뿐 아니라 힘에 지나도록 자원하여, 이 은혜와 성도 섬기는 일에 참여함에 대하여 우리에게 간절히 구하니, 우리가 바라던 것뿐 아니라 그들이 먼저 자신을 주께 드리고 또 하나님의 뜻을 따라 우리에게 주었도다(고후 8:1-5, 개역개정).

연보가 흉년으로 어려운 형제 교회를 도와주기 위해 자발적으로 참여한 모금이었다는 사실에 주목할 필요가 있습니다. '헌금'의 히브리어는 '고르반'으로서 '봉헌된 것', '봉헌물', '예물' 등을 가리키는 말입니다.

> 주님께 예물을 가져왔습니다. 주님 앞에서 우리 자신이 죄를 벗고자 하여, 금으로 만든 것들, 곧 발목걸이, 팔찌, 인장, 가락지, 귀고리, 목걸이를, 우리가 저마다 얻은 대로 이렇게 가져왔습니다(민 31:50).

돈만을 헌금인 양 오해하거나 강요해서는 안 된다는 것이지요. 시간, 재능, 현물 등등 모두가 다 하나님께 드릴 수 있는 헌금의 일종입니다.

주일예배 외에 수요기도회, 금요기도회, 매일의 새벽기도회 등 교회 안에는 다양한 예배가 있습니다. 모두 우리의 영성을 위해 개설한 시간이니 할 수 있는 대로 다 참여하면 유익합니다.

교회에는 연령별, 성별 등으로 나누어진 여러 모임이 있습니다. 교회학교, 선교회를 비롯하여 성경 공부, 중보기도 모임 등에 참여해 활동하면 성도들과 교제도 나누고 서로 섬길 수 있으며 신앙 성숙에도 도움이 됩니다. 교회란 말이 '불러내심을 입은 사람들의 모임'이듯 신자들끼리 어울려 함께 지내는 것이 좋습니다. 특히 요즘같이 이단이 성행하는 상황에서는 교회 밖의 정체불명의 성경 공부는 위험하니 더욱더 교회 내의 모임에 속해 활동하는 것이 좋습니다.

5

새 계명인 하나님 사랑,
이웃 사랑을 목적 삼아 살기

구원받기 전에는 나를 위해 살았으나 새 생명을 얻은 이후 그리스도인은 내 생명의 주인이신 하나님을 위해, 그리고 그 하나님이 사랑하시는 이웃을 위해 살아야 합니다. 그렇게 살면 내 삶은 더욱더 풍성해지고 보람찰 것입니다. 하나님도 이웃도 사랑함으로써 이 세상에서의 삶이 천국 생활로 변해갑니다. 성경 말씀대로 살기만 하면요.

우리는 이중국적자입니다. 천국의 시민권을 가지고 있으면서 지상의 시민이기도 합니다. 두 가지 생활에 균형을 이루고 충실히 살되 언젠가는 이 지상을 떠나야 할 나그네임을 명심하며 살아야 합니다. 그래야 멋지고 가볍게 인생길을 걸어갈 수 있습니다. 이 사실을 모르면 지상에만 집착해 불신자와 똑같이 살거나, 반대로 지상의 생활에는 소홀하고 하늘만 바라보는 광신자로 살 수 있습니다. 성경의 가르침처럼 좌로나 우로나 치우치지 말아야 합니다.

6

죄를 용서받아
하나님 자녀가 된 사람답게 살기

죄를 지었을 때는 바로 고백해야 합니다. 다른 사람의 죄를 용서해주고 잘못된 부분을 짚어줄 때도 사랑하는 마음과 태도로 지혜롭게 해야 합니다. 항상 감사하며 거룩하고 기쁘게 살아야 합니다. 구원받기 위해서가 아니라 감사한 마음으로 하나님의 은혜에 보답하기 위해서 선하게 살아야 합니다.

착하고 충성되게 살면 주님이 이다음에 다시 오셔서 상을 주신다고 했습니다. 복을 받기 위해서만 신앙생활을 한다면 불쌍한 일입니다. 우리는 그보다 훨씬 높은 차원에까지 이르러야 합니다. 이 사실을 모르는 그리스도인이 많기에 오늘날 기독교가 비판받고 외면당하는 것입니다. 가짜 그리스도인, 무늬만 그리스도인인 사람들 때문에 그렇습니다.

어떤 이단(정확히 말하면 '사이비') 종파에서는 예수님이 대속하셨으니 이것을 믿는 사람은 어떤 죄를 지어도 괜찮다며 결과적으로 뻔뻔하게 사는 것을 합리화해주고 있는데 잘못입니다. 이른바 '값싼 구원'이지요. 아닙니다. "떨림으로 너희 구원을 이루라", "내가 거룩하니 너희도 거룩하라", "행함이 없는 믿음은 죽은 믿음이다" 등의 성경 말씀을 기억해야 합니다. 우리는 주님을 만나는 그날까지 구원의 기쁨을 누리며 구원받은 사람답게 죄와 싸우고, 주님을 닮아가기 위해 기도하며, 말씀 안에서 성령님의 도우심 가운데 성결한 삶을 살아가야 합니다. 참된 그리스도인은 세상의 빛과 소금으로 살아 하나님께 영광을 돌리며 세상 사람의 존경을 받습니다.

7
술, 담배, 제사 문제에 대한 오해와 진실

"저는 술 마시고 담배를 피우기 때문에 교회에 다닐 수 없습니다. 끊으면 나갈게요." 이런 말을 흔히 듣습니다. 술, 담배, 제사 문제는 한국 기독교의 해묵은 과제입니다. 한국에서만 유독 관심이 높은 문제이기도 합니다. 가톨릭에서는 술, 담배, 제사를 허용하고 있으며, 수질이 좋지 않은 유럽이나 중동에서는 맥주나 와인을 음료처럼 마시고 있습니다. 담배는 성경 시대에는 없었던 것이라 성경에서는 거론하지도 않습니다. 제사도 우상을 숭배하는 것처럼 절하며 복 달라고 비는 것이라면 문제가 되겠으나, 추모예배라는 표현처럼 고인을 기억하고 추모하며 하나님께 감사하는 시간을 보낸다면 조금도 문제 될 게 없는 문화입니다. 가톨릭도 처음에는 이를 무조건 반대해 수많은 순교자를 발생시켰으나 지금은 방침을 바꾸어 허용하고 있지요. 그리스도인들은 우상숭배를 연상하게 하는 절만 안 할 뿐 고인을 추억하는 데 충분히 집중하고 있습니다.

미리 말해 술, 담배, 제사는 구원과는 관계없는 문제입니다. 그런데도 한국 개신교에서는 초기부터 술, 담배와 제사를 금하고 있는 분위기입니다. 그 결과 교회에 다니면서도 술, 담배, 제사를 하는 사람은 스트레스를 받거나 눈치를 보는 게 사실입니다. 오죽하면 이를 용인하는 가톨릭으로 개종하는 것이 낫겠단 얘기도 나옵니다.

이것은 종교적인 문제(죄냐 아니냐)라기보다 문화적인 문제입니다. 다른 나라에 비해 유독 한국 개신교가 이 문제에 대해 엄격한 데는 이유가 있습니다. 기독교가 전해지던 당시의 시대 상황과 밀접한 관련이 있습니다. 19세기 말 미국의 절제운동, 특히 여성들의 금주운동과 연결되었으며, 당시의 조선 사회를 관찰한 결과 선교사들이 금해야 한다고 판단했던 문제들이 여럿 있었습니다. 바로 조상제사, 음주, 흡연, 가족과 결혼 문제(축첩제, 조혼) 등이었습니다. 특히 당시의 담배는 아편으로서 술과 함께 민중을 정신적으로나 육체적으로 병들게 하는 대상이었습니다. 술은 취하지 않는 범위에서 약간 마시는 것을 처음에는 허용하였으나 나중에는 완전 금주로 엄격해집니다. 아마도 한국의 음주 문화가 한두 잔으로 끝나지 않기 때문이었을 것입니다. 게다가 음주는 가정폭력, 가산탕진과 연결되기 일쑤였지요. 그래서 만들어진 금주·금연 전통은 지금까지 한국 개신교에 전해 내려오고 있습니다. 요즘은 교파에 따라 가톨릭처럼 자유로운 데도 있습니다.

오늘날의 상황에서는 어떻게 보아야 할까요? 이제는 건강의 문제입니다. 신앙이 없는 사람도 건강을 위해 금연, 금주 또는 절주를 하는 세상입니다. 간접흡연의 해로움이 밝혀져 지금은 남의 건강을 위해서도 곳곳에 금연 구역이 확대되고 있는 현실입니다. 청결과 위생을 위해서 금연

하는 사람도 많습니다.

　신학적으로 '아디아포라'라는 개념을 적용할 수도 있습니다. '아디아포라'는 '대수롭지 않은'이란 뜻의 그리스어 '아디아포론'의 복수 형태로서, 하나님께서 명령하시지도 금지하시지도 않은 행동들을 가리키는 말입니다. 즉 행해도 그만, 행하지 않아도 죄가 되지 않는 대수롭지 않은 문제들입니다. 본질적으로 선악과 관련되지도 않을 뿐만 아니라 구원 문제와도 직결되지 않는 것들이죠. 각 개인의 판단과 양심의 자유에 맡겨야 할 문제들입니다. 율법주의자들 앞에서 예수님이 보인 유연한 행동들이 바로 그 모델입니다. 예수님은 포도주가 떨어진 혼인 잔칫집에서 물로 포도주를 만들어주셨고, 먹고 마시기를 탐하는 자라는 비난도 받았습니다. 포도주를 즐겨 마셨다는 말입니다. 사도 바울도 자유를 강조하였습니다. 그는 하나님 나라와 별로 상관없는 것들에 대해서는 적극적으로 자유로워야 한다고 가르쳤습니다.

　　하나님의 나라는 먹는 일과 마시는 일이 아니라, 성령 안에서 누리는 의와
　　평화와 기쁨입니다(롬 14:17).

결국 그리스도인의 모든 행동은 자기중심적이거나 자기 유익을 위한 것이 아니라 항상 하나님을 위하고 이웃을 위하여 금하기도 하고 명하기도 해야 하는 것입니다.

　이 문제 앞에서 우리는 자유롭지만, 한 가지 명심할 게 있습니다. 사도 바울의 다음 교훈입니다.

그러나 여러분에게 있는 이 자유가 약한 사람들에게 걸림돌이 되지 않도록 조심하십시오(고전 8:9).

맞습니다. 술과 담배를 하느냐 마느냐는 자유가 우리에게 주어졌습니다. 그렇다고 이 자유를 남용하면 다른 사람들에게 좋지 않은 영향을 미칠 수도 있으니 조심해야 합니다. 제 경우 글을 쓸 때 현행 맞춤법에서 마음에 들지 않는 규정도 있어 자유롭게 쓰고 싶을 때가 있습니다. 하지만 가능하면 현행 맞춤법을 따라서 쓰려고 합니다. 제가 국문학자인 것을 아는 독자들을 오도할까 봐 자유를 절제합니다. 술, 담배, 제사 문제도 이와 같다고 생각합니다.

3장

신앙 에세이
그리스도인은 세상에서 어떻게 사는가?

1
이복규의 신앙간증문

제가 교회에 다니기 시작한 것은 초등학교 4, 5학년 시절부터였습니다. 저보다 먼저 다니던 동네 누나의 권유로 나가기 시작했고, 그때부터 교회가 좋았습니다. 베이비 붐 원조 세대답게 동네에 저와 동갑내기가 남자만 열이나 되었는데, 초등학교 때 아니면 중고등학교 때 대부분 교회에 출석했으나 지금까지 신앙을 유지하는 사람은 저 하나밖에 없습니다. 믿음을 지키는 것이 쉽지만은 않나 봅니다.

초등학교 때부터 교회에 출석하여 세례받고 학생회와 청년회 회장, 교회학교 교사, 찬양대원, 교육부장을 거쳐 장로가 되었지만 다분히 지적인 신앙이었습니다. 대학 시절에는 왜 기독교만 믿어야 하는가 하는 심각한 의문이 생겨 불교·유교와의 차이점을 비교한 끝에, 기독교의 진리가 다른 종교보다 포괄적이고 총체적이라는 확신을 가진 이래 다시 신앙생활을 이어갔습니다만, 여전히 지식적인 신앙이었습니다.

그런 제가 죄인임을 절실하게 인정하고 예수 그리스도께 모든 것을 맡기고 살아가게 된 것은 2014년 8월 17일(주일) 정오 무렵부터입니다. 당시 저는 1년 4개월간이나 심한 우울병을 앓고 있었습니다. 백약이 무효하던 어느 날 주일예배를 마치고 건물 밖으로 나오는데 밝은 햇빛과 함께 맑은 정신이 되돌아왔습니다. 열 곳이 넘는 병원을 전전하고 별별 약을 먹어도, 금식기도를 해도 차도가 없었는데 극적으로 회복된 것입니다. 그날로 약을 끊었고 모든 것이 정상화되었습니다.

회복되기 직전 저는 아주 위험했습니다. 노력해도 병이 낫지 않는 상황에서 나날이 삶의 의욕은 사라져가고, 제발 데려가 달라는 기도밖에 할 수 있는 게 없었습니다. 이전에 저는 늘 연구 아이디어가 반짝여 많은 논문과 책을 써왔는데 더 이상 아무런 아이디어도 떠오르지 않았습니다. 강의도 제대로 할 수 없었습니다. 모든 사람이 두렵기만 했습니다. 어떤 일에도 자신감이 없었습니다.

한참 아플 때 보니 저는 추악한 죄인이었습니다. 무책임한 남편, 무책임한 아비였습니다. 오직 내 몸뚱이만 생각할 뿐 아내도 자식도 부담스럽게만 여겼습니다. 인간이 얼마나 연약하고 이기적인지 그때 똑똑히 알았습니다. 하나님에 대한 신앙도 흔들렸습니다. 극단적인 선택의 유혹이 끊임없이 찾아왔습니다.

어느 날은 마침내 주일예배마저 거르고 말았습니다. 뒤따라오리라 믿고 찬양 연습하러 먼저 교회에 갔던 아내가 예배 시간에 제 모습이 안 보이자 집으로 달려왔습니다. 방 안에 누워 있는 저를 보고 아내는 마음이 무너져 내렸는지 아주 심한 말을 퍼부었습니다. 자기를 신앙적인 면에서 이끌어줄 사람이라서 결혼했는데, 이 지경까지 이르자 마침내 폭발

한 것이지요. 천사 같은 아내의 입에서 욕설이 나올 줄이야…. 파국이 임박했다는 생각이 들었지만, 무력감에 빠진 저는 달리 어찌할 수가 없었습니다.

그런 저를 그다음 주일 정오의 햇빛 아래서 기적적으로 회복시켜주신 하나님, 벼락을 내려도 모자라건만 모든 죄를 용서하시고 다시 기회를 주신 자비와 능력의 하나님을 이제 확실하게 인정합니다. 예수 그리스도가 저와 우리 모두를 위해 왜 돌아가셔야만 했는지 이제 압니다. 그대로 두면 절망이며 영원한 멸망이기에, 스스로는 구원받을 수 없기에 그러신 것이지요.

이제 제 생명은 주님 것임을 고백하며 하루하루 감사하며 삽니다. 지금 죽어도 여한이 없습니다. 덤으로 주어진 생명이 고마울 뿐입니다. 늘 기쁘고 평안합니다. 그 기쁨을 아침톡으로 매일 지인들과 나누며 삽니다. 목숨이 다하는 날까지 이렇게 살다 가고 싶습니다. 모두가 예수를 믿어 구원의 감격 가운데 주님 안에서 저처럼 기쁘게 살았으면 좋겠습니다.

2
축복

최근 지인의 권유로 〈나의 해방일지〉라는 드라마를 봤습니다. 경기도에서 씽크대를 제작하고 농사도 짓는 어느 부부의 삼 남매 이야기인데, 진지한 주제에 끌려 16화까지 다 보았습니다. 그 가운데 기독교 신앙인인 우리에게 특별히 인상적인 장면이 하나 있었습니다. 그 집 아들이 여자 친구와 헤어지는 대목에서 주고받는 대화가 그것입니다.

"우리 서로 축복하면서 헤어지자."

"너, 교회 다니니?"

남자 주인공이 서로 축복하며 헤어지자니까, 대뜸 그 여자 친구가 너 교회 다니냐고 물었습니다. 어린 시절 주일학교 경험이 있는지는 몰라도, 극중에서 남자 주인공이 신자로 나오지는 않습니다. 신자가 아닌 줄 알기에 그 여자 친구도 이렇게 물었을 테지요. 네가 교회도 다니지 않으면서 웬 축복 운운하느냐고 한 것입니다.

이 장면을 보면서 생각했습니다. 아, 세상 사람들이 생각하는 그리스도인의 이미지는 축복하는 사람들이구나!

가만히 생각해보니 맞습니다. '축복'(祝福)이라는 말은 '복을 빌어줌'을 뜻합니다. 이 말은 복을 내려줄 수 있는 초월자가 있을 때만 유효합니다. 구약의 예언자들이 반복해서 지적한 것처럼 인간이 만든 우상은 복을 내려줄 능력이 없습니다. 오직 창조주 하나님만이 우리에게 복을 내려주실 수 있습니다. 그러니 그 하나님을 믿는 그리스도인들의 '축복'은 진짜로 그 복을 임하게 하는 능력 있는 행위입니다. 즉 축복은 그리스도인만의 특권입니다.

"너 교회 다니니?"

이 말은 교회 다니는 사람은 당연히 이웃을 위해 축복하면서 살아야 한다는 기대를 담고 있습니다. '과연 나는, 우리는 지금 그런가?' 반성하게 하는 대사였습니다. 입만 열었다 하면 향기로운 축복의 말을 하는 사람으로 살고 있는지, 아니면 그 반대로 무서운 저주의 말, 독기 어린 말을 더하며 살고 있지는 않은지 돌아보게 하는 말이었습니다.

두 아들의 아비로서 자식 교육에 힘쓰지 않은 듯해서 늘 미안한 마음으로 삽니다. 남의 자식은 열심히 가르치면서 왜 제 자식한테는 무심하냐는 핀잔을 들어왔기 때문입니다. 그런 제게도 자랑할 만한 게 하나 있습니다. 매일 자녀들을 축복한 것입니다. 아이들이 학교에 갈 때마다 축복하는 말 한마디씩을 건넸습니다.

"감사한 하루!"

"행복한 하루!"

"친절한 하루!"

새로운 표현을 개발하면서 이렇게 축복하던 어느 날이었습니다. 제가 깜빡하고 축복하지 않자, 아들들이 문간에 서서 오늘은 왜 축복해주지 않느냐며 기다리고 있는 게 아니겠어요? 그 축복 덕분일까요? 둘 다 장성해서 교회에서 찬양으로 섬기며, 무사히 학교를 졸업하고 직장 생활 잘하고 있으니 감사합니다.

'축복'의 대립어는 '저주'입니다. 축복이 내실 있는 것처럼 저주도 마찬가지입니다. 우리가 저주한 대로 상대방에게 그 저주가 임합니다. 하나님은 우리의 기도를 다 들어주시기 때문입니다. 그러니 함부로 저주해서는 안 됩니다. 특히 요즘처럼 가짜 정보에 휘둘려 함부로 저주하는 행위는 더더욱 곤란합니다.

20여 년 전에 중앙아시아 카자흐스탄에서 지낸 적이 있는데, 그때 본 영화가 아직도 잊히지 않습니다. 우리로 치면 〈춘향전〉만큼 유명한 영화인데, 스토리는 〈로미오와 줄리엣〉과 유사합니다. 원수 집안의 총각 처녀가 집안의 금기를 깨고 사랑에 빠지고, 부모는 극렬히 반대하죠. 반대해도 사랑을 포기하지 않자, 전투에 출전하는 아들의 등 뒤에 대고 그 아버지가 저주의 말을 합니다. 아들은 전투에서 이겼으나, 안심하고 등을 보인 채 돌아서다 비겁하게 뒤에서 날린 적수의 화살에 맞아 죽습니다. 영화 전체의 설정과 카자흐스탄의 문화에 비추어 보면 아들이 죽은 원인은 아버지의 저주 때문입니다. 구약에서 예언자의 예언이 그대로 실현되는 것처럼, 카자흐스탄 문화에서도 그렇습니다. 말한 대로 이루어집니다. 그들은 축복하면 복이 오고, 저주하면 화가 임한다고 믿습니다.

"축복하며 사십니까?"

3
심방 길에 받은 은혜

얼마 전 새벽기도를 마치고 담임 목사님을 따라 신촌 세브란스병원에 환자 심방을 갔습니다. 한 달 전 오토바이 사고로 중상을 입어 의식불명인 교우의 부인(김금순 집사님)을 로비에서 만났습니다. 집사님은 남편의 뇌는 살아 있으나 병원에서는 더 이상 해줄 게 없으니, 환자를 재활병원으로 데리고 가란다며 울먹입니다.

"집사님, 아침식사는 하셨어요?"

"밥이 먹혀야 말이지요."

아주 명랑한 집사님이었건만 청천벽력 같은 사태 앞에서 식욕도 잃은 채 병상을 지키고 있으니 먹먹했습니다. 부부일심동체이니 어찌 그러지 않겠습니까. 밥맛을 잃을 만큼 육적으로는 말할 수 없이 힘들지만 의식불명인 남편의 귀에다 수시로 성경 말씀을 읽어주고, 아이들이 보낸 사랑의 메시지를 들려주고 있답니다. 몸은 움직이지 못해도 다 들을 거라면서요.

"시어머님이 문제예요. 아직 모르고 계시거든요."

거동은 불편하지만 의식은 또렷하다는 노모에게 차마 아들 소식을 알리지 못하고 있답니다. 효자인 남편은 매일 어머니 집에 들르거나 전화해서 잡술 것을 사다 드렸는데, 갑자기 소식을 돈절하니 무척 궁금해하신다고 합니다.

"처음에는 미국에 출장 갔다고 둘러댔는데 연락 없이 한 달이 다 되어가니 이제는 막 우셔요. 미국이라도 전화는 할 수 있을 텐데 뭔 일이냐고요."

이 말을 들으니 평소에 너무 효도해도 유사시에 어렵구나 싶었습니다. 무소식이 희소식이라고, 이 아들이 평소에 드문드문 연락을 드렸으면 한 달쯤 소식이 없어도 그런가 보다 하실 텐데, 매일같이 안부하다 뚝 그치니 걱정하실 수밖에요. 여간해서는 안부하지 않는 우리 아들이 어쩌면 잘하고 있는 게 아닌가 하는 엉뚱한 생각이 들었습니다.

집사님의 이야기를 들으며 뭐라고 위로해야 할지 잘 떠오르지 않는데, 더 놀라운 이야기를 들려주셨습니다.

"가망이 없다는 말을 듣고 기도했어요. '하나님, 남편이 지금 천국에 갈 수 있다면 데려가세요. 아직 아니라면, 천국 갈 수 있는 믿음을 가질 수 있도록 기회를 주세요.'"

제가 주일학교 교사일 때 이 남편분이 초등부 학생이었습니다. 그 후로는 세상 친구들을 잘못 만나 어쩌다 창립주일에나 나타났으니, 그 남편의 영혼이 천국에 갈 수 있을지 믿을 수 없어 그런 것입니다. 오직 천국! 이 신앙을 가졌기에 이런 기도를 드렸을 테지요. 천국에 갈 수 있다면 지금 죽어도 괜찮지만, 천국에 갈 수 없다면 100년을 살아도 의미가 없다고 여기는 절대 천국의 신앙을 집사님은 가지고 있었던 것입니다.

그 신앙에 감탄하고 있을 때, 더 놀라운 간증이 그 입에서 흘러나왔습니다.

"그래도 감사해요. 아이들이 어릴 때 이랬으면 저 혼자 어떡할 뻔했어요? 다행히 다 큰 다음에 이러니 얼마나 감사해요?"

아들만 셋인 가정입니다. 첫째는 대학을 졸업하여 직장에 다니고 있고 막내가 중3이에요. 다들 어지간히 컸으니 설령 아버지가 잘못되더라도 집사님 혼자 꾸려나갈 만하니 다행이라는 말이었습니다. 생각해보니 그랬습니다. 더 어릴 때 이랬다면 여자 혼자 자식 셋을 먹이고 가르치기에는 과중한 부담이겠지요.

"위로하러 왔다가 위로받고 가네요."

심방을 마치고 돌아오는 길에 목사님이 이렇게 말씀했는데, 100% 공감했습니다. 우리의 위로가 필요 없는 분이었습니다. 집사님은 이미 성령님의 도우심 가운데 하나님이 기뻐하실 만한 믿음으로 위대한 기도를 드리며, 하나님만 의지하며 그 뜻을 기다리고 있었습니다.

그동안 목사님을 모시고 심방을 꽤 많이 다녔습니다. 개척교회라서 초기에는 더욱더 많았습니다. 하지만 심방 길에 이런 감동을 받은 것은 처음인 듯합니다. 위로하러 갔다가 위로를 받고 돌아오다니 은혜로운 심방입니다. 장로보다 목사보다 더 나은 우리 김 집사님의 믿음을 우리 하나님께서 보시고 달리다굼! 그 기적 제발 다시 한번 일으켜주시길 간절히 기도합니다.

4
어떤 장로 이야기

며칠 전에 아주 반가운 분을 만났습니다. 18년 전 교육부의 연구비 지원을 받아 중앙아시아 카자흐스탄에 고려인 구전설화를 채록하러 갔을 때 만났던 배대환 사장(장로)입니다.

그때 이분은 쉽켄트에서 보일러 사업이 궤도에 올라 있었는데, 모범 납세자상을 받아 이름이 나 있었습니다. 고려인이 카자흐스탄에 벼농사를 처음 전파한 것처럼, 우리의 온돌 난방을 최초로 카자흐스탄에 보급한 전설적인 분입니다. 제가 그곳에 머무는 동안 이분이 고려인들을 소개해주고 본인 집에서 먹여주고 재워주었습니다.

6개월간의 조사가 끝나 귀국하고 나서 지금껏 소식을 모르고 지내다 이분을 엊그제 만났습니다. 최근에 잠시 입국해 우연히 『교회에서 쓰는 말 바로잡기』라는 제 책을 읽다가 제 이름을 보는 바람에 만났다니 극적이지요. 그 책을 제가 안 썼더라면, 썼어도 그분이 안 읽었더라면, 읽었더라도 제 이름을 기억하지 못했더라면 이루어질 수 없는 만남이었으니 하나님의 은혜입니다.

밀린 정담을 나누다 고국을 떠나 타국에서 사업을 시작할 때 있었던 미담을 들려주었습니다. 사업자금 5천만 원이 필요했는데 수중에 있는 돈은 80만 원뿐이고 융통할 곳이 없어 막막한 상황이었답니다. 그때 한국에서 교사로 일하다 명예퇴직하고 그곳에서 한글학교 교장으로 봉사하던 김정복 장로에게 말하자 선뜻 빌려주어 성공했다는 이야기였습니다. 퇴직금 전부를 아무 연고도 없는 사이에 그저 같은 신자로서 우정으로 빌려주다니 놀라운 일이죠.

그다음 이야기가 더욱 감동이었습니다. 사업에 완전 성공하고 나서 한번 물었다고 합니다.

"장로님, 만약 제가 사업에 실패했다면 그 돈 다 떼일 수도 있는데, 어떻게 그 많은 돈을 빌려주셨어요?"

그 말을 듣자마자 김 장로님이 이렇게 대답했다고 합니다.

"성공 못하면 그냥 못 받을 셈 치고 준 거죠."

흔히 교회에서 신자끼리 금전거래하다가 잘못되면 돈도 잃고 사람도 잃는 경우가 많습니다. 그래서 신자끼리는 아예 금전거래를 하지 말라고 충고합니다. 부득이 돈을 빌려줄 경우에는 어떻게 해야 할까요? 바로 김 장로님같이 해야 합니다. 내게 있는 것으로 도와주되, 설령 잘못되어 못 받는다 해도 실망하지 않으리라는 마음으로 빌려주어야 합니다.

이는 형제애가 아니면 불가능한 일입니다. 다시 받으면 좋지만, 그렇지 못한다 해도 골육의 어려움에 동참한 것만으로 만족해하는 것이 친남매 간의 인지상정입니다. 김 장로님의 형제 사랑이 이와 같습니다. 고향도 성도 다르지만 함께 하나님을 섬기는 장로가 만리타향에서 절박한 심정으로 사업을 시작하려는데 자금이 없다고 하자, 마치 자기 친남매의 일처럼 여겨 아들 결혼자금으로 지니고 있던 퇴직금을 준 것입니다. 가슴 뭉클하게 하는 미담이었습니다.

이야기는 그것으로 끝나지 않았습니다. 평생에 가장 큰 은혜를 입은 배 사장님이 김 장로님에게 빚을 갚은 사연입니다. 성공하고 나서 용산 어느 호텔에서 김 장로님을 만났는데 수심이 가득한 얼굴이더랍니다.

"장로님, 무슨 일로 그러세요?"

"카자흐스탄 고려인의 평생소원이 모국 방문이잖아요. 그 소원을 풀어주려고 희망자를 신청받아 추진하고 있는데, 경비 조달이 만만치 않네요."

"걱정 마세요. 제가 드릴게요."

김 장로님은 고려인 모국 방문을 세 차례에 걸쳐 마쳤다고 합니다. 어쩌면 하나님께서 배 장로님에게 사업 성공의 은혜를 베푼 것은, 이때 쓰시려고 그랬는지도 모르겠다는 생각이 들었습니다.

자신의 일이 아니라 고려인들 때문에 수심이 가득했던 김 장로님의 그 갸륵한 얼굴 표정이 떠오릅니다. 그리고 그 프로젝트 후원자로 동참해 쓰임 받은 배 사장님의 보은도 인상적입니다. 이런 분들이 진짜 장로, 진짜 신자일 것입니다.

5
자가격리 기간에 받은 은혜

최근에 코로나 확진 판정을 받아 일주일간 자가격리를 했습니다. 어느 분 장례식 순서를 맡아 시골까지 다녀온 날 몸살감기 기운이 있더니 그리 됐습니다. 요즘 유머에 "아직 코로나에 걸리지 않았으면 대인관계에 문제가 있는 사람"이라던데, 저는 지나쳐서 그런 모양입니다.

일주일간이나 어떻게 갇혀서 지내나 걱정했지만 기우였습니다. 애지중지하며 읽던 책을 이번 기회에 다 읽을 수 있어서 오히려 좋았습니다. 『관주·해설 성경전서』가 그것입니다. 독일성서공회에서 만든 것을 번역한 책이라 특별했습니다. 신학 연구 면에서 세계적 권위를 자랑하는 독일 신학계가 그간 이룩한 성과를 모두 집약해 만든 책이기 때문입니다.

얼마 전 대한성서공회 번역국장으로 일한 전무용 박사가 귀띔해주어 틈틈이 읽던 참이었습니다. 솔직히 은근히 어려운 게 개역개정판 성경입니다. 국문학 교수이고 야간신학교도 졸업한 제가 읽어도 모르는 부분이 한두 군데가 아닙니다. 단권의 주석 성경들이 있지만 얼마나 객관적인지 검증할 수 없어 뜨악하며, 어떤 것은 너무 방대합니다. 그런데 이 책은 한 권으로 되어 있는 데다 믿을 만합니다. 독일 성서학자들이 연구한 바를 독일성서공회에서 책임지고 반영했으며 대한성서공회에서 번역했으니, 이보다 더 믿을 만한 책도 드물 것입니다. 읽다가 궁금함 직한 구절마다 친절하게 해설이 달려 있습니다. 특별히 은혜로웠던 대목 몇 군데를 들어보겠습니다.

첫째, 이사야 58:6, "내가 기뻐하는 금식은 흉악의 결박을 풀어주며 멍에의 줄을 끌러 주며…모든 멍에를 꺾는 것이 아니겠느냐"입니다. 여기에 나오는 '참 금식'은 어려운 이웃을 돕는 것이지, 이기적으로 하는 금식은 진정한 금식이 아니랍니다. 사순절이라 더욱 뇌리에 꽂혔습니다.

둘째, 마가복음 8:33에서 예수님이 베드로를 꾸짖은 말씀입니다. "사탄아, 내 뒤로 물러가라"의 "내 뒤로 물러가라"를 그리스어 원문대로 축자 번역하면, "내 뒤로!"입니다. "자기 십자가를 지고 나를 따르라"(눅 9:23)의 "나를 따르라"도 "내 뒤로!"라니 충격입니다. 예수님을 따른다면서 예수님보다 앞서 가면 안 된다는 사실을 일깨워줍니다.

셋째, 베드로의 회개 장면을 풀이하면서, 흔히 베드로가 닭 울음소리를 듣고 회개했다고 하기 쉬우나 오해랍니다. 닭소리 때문이 아니라 예수님이 바라보셨기 때문입니다. 소스라치게 놀라 성경을 확인해보니 과연 그랬습니다. "주께서 돌이켜 베드로를 보시니 베드로가 주의 말씀 곧 '오늘 닭 울기 전에 네가 세 번 나를 부인하리라' 하심이 생각이 나서"(눅 22:61).

넷째, 이스라엘 전통사상의 특징도 도처에서 알려주어 유익합니다. 당시에는 부활은 물론 천국이나 영생 개념이 없었습니다. 그저 죽으면 천국도 지옥도 아닌 음부(스올)로 간다고 생각했다고 합니다(사 65:17; 겔 32:17-32; 시 6:5). 이 사실을 알고 나니 왜 유대인들이 예수 그리스도를 버렸는지 납득이 되었습니다. 현세적인 메시아로만 기대해 로마를 물리치고 등극하리라 굳게 믿다가 실망해버린 것입니다. 그 밖에도 젊어서 죽는 것은 벌이라는 생각(사 38:10), 성읍마다 수호신이 있다는 사고(렘 2:28; 사 44:14-20), 불구로 태어나는 것은 죄의 결과라는 생각(요 9:2), 개개인을 지켜주는 수호천사 관념(행 12:15)도 마찬가지입니다. 이스라엘 문화 가운데서도 진리와 무관하거나 배치되는 게 많다는 점을 또렷이 보여주는 사례들입니다.

다섯째, 아주 많은 부분에서 "무슨 뜻인지 아직 불확실하다"고 진술한 점도 인상적이었습니다. 그동안 제 실력이 부족해 그런 줄만 알았으나, 평생 연구한 분들도 모른다니 퍽 위로가 되었습니다. 이단들처럼 억지로 풀려 하지 말고, 확실한 말씀들부터 실천하는 데 힘써야 하지 않을까 생각해봅니다.

격리 때문에 이런 은혜를 누렸건만, 3개월 이내로 동사무소에 신고하면 20만 원 이상의 지원금도 준다고 누가 일러주었습니다. 그저 범사에 감사할 뿐입니다.

6
신학 공부의 보람

환갑 무렵에 야간신학교를 다녔습니다. 목사가 되려고 그런 것은 아닙니다. 청년 시절부터 교회학교 교사로 섬겨, 주로 교육부서의 임원을 맡아 일하면서 필요를 느껴서 그랬습니다. 여러 가지 책을 참고해 가르치면서도, 과연 내가 가르치는 게 맞는지 영 미심쩍더군요.

'제대로 공부해서 사역을 감당해야지' 하는 마음을 먹었습니다.

직장 은퇴를 5년쯤 앞두고, 한결 마음의 여유가 생겨 여기저기 알아보았습니다. 낮에 직장을 다니면서도 밤 시간에 공부할 수 있는 곳이 있었습니다. 봉천동에 있는 밥존스신학교였습니다. 저희 교회 담임목사님 소개로 입학해 학교에 들어가 보니 이곳은 집중성경학교 같은 곳이었습니다. 다른 신학교에서 가르치는 과목도 있었지만, 특별히 졸업할 때까지 구약과 신약 전체를 한 번씩 훑도록 커리큘럼이 짜여 있었습니다. 딱 1장으로 되어 있는 유다서를 가지고 한 학기 내내 강의하기도 하니 알 만하시죠.

게다가 이 신학교는 미국의 중상위권 대학인 밥 존스 대학교 출신이 우리나라에 선교사로 와서 세운 50년 전통의 학교로, 반쯤은 영어 강의였습니다. 통역하는 목사님의 실력이 탁월해서 강의 내용을 이해하는 데는 조금도 어려움이 없었습니다.

원래는 4년을 다녀야 했으나 겨울학기를 운영해 3년 만에 졸업할 수 있었습니다. 조직신학, 성경지리, 그리스어, 교회사 등등을 비롯하여 성경 66권을 한차례 훑는 공부를 마치니 비로소 눈이 열렸습니다. 제가 가르치는 내용이 전체 신학에서 어떤 위치에 있으며, 그 한계가 무엇인지를 어느 정도 가늠할 수 있겠더군요.

신학교를 졸업하자마자 제가 다니는 교회에서 평신도대학을 맡아서 인도했습니다. 평신도이지만 신학공부를 했으니 가능했고, 열심히 공부한 덕에 저도 겁내지 않고 사역을 감당할 수 있었습니다. 평신도대학에서는 성경, 사도신경, 주기도, 구원, 예수 그리스도, 하나님, 창조, 인간, 부부, 이단, 헌금, 기도, 찬송, 전도, 성령, 교파, 죽음, 예배, 성례, 종말 등 여러 가지 사항에 대한 오해와 진실을 성도들과 함께 공부했습니다. 이 시간을 통해 신학 공부를 한 보람을 톡톡히 느꼈습니다.

평신도대학만이 아닙니다. 매주 주보에 성경공부 원고를 게재하고 있습니다. 최근에는 성경 난외주(난하주)의 내용을 음미했습니다. 하나만 예를 들어봅니다. "여호와 하나님이 땅의 흙으로 사람을 지으시고 생기를 그 코에 불어넣으시니 사람이 생령이 되니라"(창 2:7)에서, "생령"에 난외주가 달려 있습니다. '히, 생물'이라는 난외주입니다. 히브리어 원문으로는 '생물'이라는 것입니다! 원어로는 '생령'(living soul)이 아니라 '생물'(생명체)이라니, 새삼스럽게 그 의미가 무엇일지 곱씹어 보았습니다. 인간은 영적인 존재이기도 하지만, 생물(생명체)로서 다른 생명체와도 상통한다는 점을 잊어서는 안 된다는 게 히브리어 원문의 깨우침이 아닐까요?

이런 식으로 창세기에서부터 요한계시록까지의 난외주 가운데, 특별히 차이가 나는 구절들만 살폈는데 참 은혜로웠습니다. 신학 공부를 하지 않았으면 그냥 지나칠 뻔한 내용들이었습니다. 요즘에는 성경의 난해 어구들만 모아 살피고 있습니다. 이것도 유익합니다.

한 가지 예를 들어보겠습니다. "하나님이 이르시되 '우리'의 형상을 따라 우리의 모양대로 우리가 사람을 만들고"(창 1:26)에서, 왜 "우리"라는 표현을 하셨을까요? 이때는 아직 삼위일체 교리가 형성되기도 전인데 왜 그랬을까요? 구약학자인 차준희 교수가 책에서 해명해줍니다. 고대 근동에서 이 표현은 "심사숙고하였다", "대화하였다"는 뜻이랍니다. 인간 창조를 얼마나 공들여서 하셨는지 보여주는 표현이라니 감사하기 짝이 없습니다.

요즘 신학교 입학생이 줄어들어 걱정이라고 합니다. 특히 신대원은 더 심각하다고 하지요. 타개할 방법이 하나 있습니다. 평신도들을 받아들여 교육시키면 어떨까요? 은퇴를 앞둔 비교적 여유가 있는 평신도들에게 문호를 활짝 열어 입학하게 하면 재정에도 도움이 될 것입니다. 이미 각 분야의 전문성을 지닌 평신도들에게 신학공부를 시키면 자신감을 가지고 목회자를 도와 여러 사역을 감당하지 않을까요? 제가 그렇게 공부해 직장 은퇴 후에도 여전히 교회에서 신나게 섬기고 있듯이 말이죠.

7

장로가 아직도

"장로인데 아직도 연구해요?"

언젠가 ㄱ대 대학원에 출강했을 때 학과장인 교수가 저한테 한 말입니다. 차 마시며 환담하다가 제가 장로라니까 대뜸 이렇게 물었습니다. 한참 물이 올라 책도 여럿 내고, 여기저기 학회에 나가 왕성하게 발표하는 것을 잘 아는 교수가 던진 질문이었습니다. 그 말을 듣고 퍽 당황했습니다.

무슨 소린가 했더니만, 대부분의 교수가 장로가 되면 더 이상 연구하지 않더라는 것입니다. 교회 일 하느라 바빠서 그렇다고 하더군요. 충격이었습니다. 정상이 비정상이 되는 순간이라고나 할까요? 장로 안수를 받았다고 연구를 멈추다니요? 교수가 장로가 되면 더욱 연구를 많이 해서 하나님께 영광을 돌려야 하지 않나요? 두 가지 일의 균형을 이루려 애써야 하지 않나요?

최근에는 이런 일도 있었습니다. 저술가로도 유명하고, 유튜브에서도 인기인 ㅅ대 교수의 책을 읽고 같은 주제를 다룬 유튜브에 들어가 봤습니다. 어느 기관의 초청을 받아 한 강의였습니다. 명불허전, 명강의였습니다. 그런데 거기 달린 학생의 댓글 가운데 이런 게 있었습니다.

"교수님, 학교에서 얼마나 인기 없는지 아세요? 학생 논문 지도나 잘하세요. 이런 데 나와서 강의하지 말고…."

같은 교수로서 정신이 번쩍 나게 하는 댓글이었습니다. 학생들이 제게도 이런 불만을 품지는 않았을까 켕겼던 거죠. 그러는 한편 지금 생각해도 참 자랑스럽게 행동한 기억도 떠올랐습니다. 언젠가 방송대학에서 고소설의 배경지인 진주에 내려가서 현지 촬영을 하겠느냐고 요청해왔으나, 우리 대학 강의 시간과 겹쳐 단호히 사양했습니다. 그러자 전화 수화기 너머 이런 소리가 들려왔습니다. "남들은 서로 출연하고 싶어 하는 강의인데, 싫다니!" 하는 것이었습니다. 제 얼굴을 널리 알릴 수 있는 기회라는 걸 알지만, 봉직하는 학교 학생들과의 강의 약속을 변경하면서까지 출강하고 싶지는 않았습니다.

에피소드 하나를 더 소개합니다. ㅊ대 총장 비서실에 근무했던 지인이 들려준 이야기입니다. 신자인 어떤 교수가 강의를 시작할 때면 늘 이렇게 자랑했다고 합니다.

"지금 이 시간에도 제 아내가 집에서 저를 위해 간절히 기도하고 있어요. 강의 잘하게 해주시라고요."

그 학생들이 보였다는 반응이 걸작입니다.

"쯧쯧쯧! 왜 하나님은 한 번도 사모님 기도에 응답하지 않으시는 걸까?"

아내의 기도를 자랑하기 전에 충실하게 강의 준비를 해서 학생들에게 만족을 주었어야 하건만 그렇지 못한 것이지요. 좋은 강의는 연구해야 가능합니다.

제가 제일 하기 싫어하는 강의가 있습니다. 남의 책에 있는 것을 그대로 전달하는 강의입니다. 그러기 싫어서 계속 연구했습니다. 그러다 보니 남들이 연구하지 않은 새로운 영역을 개척하곤 했습니다. 탈북자를 만나 북한의 구전설화와 민속을 조사한 것, 중앙아시아 고려인을 만나 강제 이주담과 구전설화를 채록해 연구한 것이 그 대표적인 사례입니다.

은퇴 후에도 계속 연구하고 그 결과를 책으로 출판했습니다. 앞으로 쓰고 싶은 책이 30종도 더 넘습니다. 관성 또는 가속도가 붙은 모양입니다. 더러 외부에서 요청하면 기꺼이 강의도 하고 있습니다. 연구한 게 축적되어 그런지 어떤 주제이든 그리 어렵지 않게 준비해 강의할 수 있으니 감사할 뿐입니다. 더러 잡문도 쓰고 있습니다.

그러면 장로 직분에는 소홀했을까요? 장로가 된 후 교육부를 맡아서 교회 내 장년부 대상으로 성경공부를 여러 해 인도했습니다. 교회학교 교사와 부장 일도 병행했고요. 환갑 무렵에는 신학교도 다녔습니다. 졸업 후 그 지식으로 평신도대학을 인도하고, 새 신자 양육용 책자를 두 종이나 만들었으며, 지금도 새신자 교육을 담당하고 있습니다.

지금 생각하니 세상 일과 교회 일의 균형을 잡으려 노력한 것은 참 잘한 일입니다. 그때 그 교수가 저를 다시 만나면 이렇게 말하겠죠.

"아니, 은퇴 후에도 아직 연구를?"

8
기절초풍할 일

최근에 즐겨 듣는 줌 강의가 있습니다. 유명한 문학평론가 로쟈 이현우 박사의 도스토옙스키 소설 완독 강의입니다. 톨스토이의 작품도 그렇지만 도스토옙스키 소설은 기독교와 밀접한 연관이 있어 특별히 기독교 신자로서 읽을 만한 가치가 충분합니다.

『죄와 벌』의 작품 세계에 대해 강의하던 로쟈 이현우 박사가 문득 이렇게 말했습니다.

"죽은 사람이 다시 살아나다니, 기절초풍해야 마땅하죠. 안 믿는 사람이라면 몰라도 기독교 신자라면…."

여주인공 소냐가 남주인공 라스콜니코프의 요청으로, 죽은 나사로를 살린 예수님의 기적이 나오는 요한복음 11장을 읽으며 보인 반응을 소개하면서 한 말입니다. 하도 많이 읽어 거의 외울 정도인 소냐가 나사로의 부활 장면에서 승리감에 도취되어 어쩔 줄 몰라 했고, 그런 소냐를 보며 살인자 라스콜니코프의 마음이 흔들리기 시작했다면서 이 박사가 불쑥 한 말입니다. 제가 보기에 무신론자인 이 박사 입에서 툭 튀어나온 그 말은 마치 신자인 저 들으라고 하는 말 같았습니다.

맞는 말입니다. 성경 말씀을 하나님 말씀으로 믿는다면, 예수님의 행적을 사실로 믿는다면, 예수님의 기적 대목을 무덤덤하게 읽을 수 없습니다. 특히 죽은 지 나흘이나 돼서 썩은 냄새를 풍기는 나사로를 되살려낸 사건을 읽을 때는 소설 책 읽듯이 할 수 없습니다. 경천동지할 사건이기 때문입니다.

그 말에 충격을 받아 얼른 서점으로 달려가 최근 번역본을 샀습니다. 대학생 시절에 이미 읽었으나, 주인공 라스콜니코프가 전당포 주인 노파를 살해하려 계획하는 대목만 흐릿한 기억으로 남아 있는 소설입니다. 부지런히 해당 대목을 찾아보았습니다. 클라이맥스 부분의 반응만 발췌해보면 이렇습니다.

그녀는 정말 진짜로 열병에 걸린 것처럼 진즉부터 온몸을 벌벌 떨고 있었다. 바로 그가 기대했던 것이다. 그녀는 지금껏 들어본 적도 없는 이 위대한 기적의 말에 다가가고 있었으며 위대한 승리감에 사로잡혀 버렸다. 그녀의 목소리가 금속처럼 낭랑해졌다. 승리감과 기쁨이 밴 목소리는 한층 더 다부졌다. 눈앞이 캄캄해졌기 때문에 그 앞의 글귀들이 서로 뒤엉켰지만 지금 읽고 있는 부분은 다 외우다시피 잘 알고 있었다.

그녀는 기쁜 기대에 찬 몸을 벌벌 떨었다.

그녀는 이 장면이 자기 눈앞에 보이는 것처럼 오한을 느끼고 몸을 떨며 큰 소리로, 열광적으로 읽었다.

무신론자인 이 박사가 나사로를 다시 살린 예수님의 기적을 "기절초풍할 일"이라고 표현한 것은 매우 의미심장합니다. 제가 만난 무신론자들은 성경의 기적 사건에 대해 이렇게 반응하지 않았습니다. 비합리적인 일, 비과학적인 일, 비역사적인 일로 치부하기 일쑤였습니다. 그러지 말고 제발 요한복음 11장을 읽어보라고 해도 정신적인 부활이지 육체의 부활이 아니라는 반응만 돌아올 뿐이었습니다.

하지만 이 박사는 다르게 반응했습니다. "기절초풍할 일"이라는 것입니다. 맞습니다. 인류 역사에서 완전히 죽은 몸이 멀쩡하게 살아난 일은 전례가 없는 사건입니다. 일시적으로 기절했다 살아난 게 아닙니다. 시신이 쉽게 부패해 당일 매장을 원칙으로 삼는 중동에서 죽은 지 나흘이나 된 나사로가 무덤에서 살아서 걸어 나온 사건은 전무후무한 일입니다. 동서양 책을 두루 많이 읽는 이 박사는 그것을 알아차린 게 분명합니다.

그야말로 "기절초풍할" 성질의 사건이라고 본 게 틀림없습니다. 그랬기에 소냐가 이 대목을 읽으면서 보인 반응이야말로 지극히 정상적이라고 말한 것입니다. 그는 소냐만이 아니라 신자라면 모두 이래야 마땅하지 않느냐고 반문했습니다.

우리는 그간 부활이 기독교의 정체성이라고 자랑은 많이 했습니다. 하지만 이 대목을 읽고 묵상할 때 소냐처럼 전율하였는지 반성해봅니다.

우리가 부활해 영생할 것을 믿는다면 기쁨으로 몸을 떨어야 하고, 그 소망으로 세상의 두려움도 이기며 살아야 하지 않을까요?

9
초기 교회가 발흥한 이유

코로나 역병으로 활동이 제한받으면서 신앙 면에서 좋은 점도 있습니다. 혼자 성경을 읽고 묵상하거나 기도하는 시간을 더 많이 가질 수 있는 점입니다. 최근에 정년퇴직한 제 경우는 더욱더 시간 여유가 많아져 독서하는 자유를 누리는 중입니다.

혼히 교수가 직업이면 책을 많이 읽을 수 있으리라 생각하지만 반드시 그렇지도 않습니다. 강의, 연구와 관련된 책만 읽기도 바빠 정말 읽고 싶은 책은 못 읽을 때가 많지요. 은퇴해서 좋은 점이 있다면, 읽고 싶은 책을 원 없이 읽을 수 있다는 것입니다. 아무런 부담도 없이 어떤 책이든 아무 때나 읽을 수 있는 자유, 무상의 행복이 아닐 수 없습니다.

요즘 읽은 책 가운데 특별히 감명 깊었던 책이 있습니다. 초기 기독교가 왜 어떻게 부흥해 로마의 주류 종교가 되었는지를 추적한 로드니 스타크의 책입니다. 『기독교의 발흥』이 그것입니다. 한국 기독교와 교회의 위기가 화두인 이 시기에 무슨 해결의 단서를 찾을 수는 없을까 하는 마음으로 더욱 열심히 읽었습니다.

왜 초기 교회가 성장했을까요? 로드니 스타크는 전염병 때문이라고 말합니다. 대역병으로 말미암은 인구 감소로 로마 제국이 위기를 맞이하였다는 것이 학계의 견해인데, 오히려 이 시기에 교회는 성장했다니 이 무슨 말일까요?

전염병이 창궐하던 상황에서 도대체 그리스도인들이 어떻게 대처했기에 교회가 급성장한 것일까요? 스타크는 이 시기에 그리스도인이 다른 종교인에게서는 찾아보기 어려운 역량을 탁월하게 보여주었다고 말합니다. 어떤 역량일까요?

첫째, 전염병이라는 참사에 대해 만족스럽게 해명해주었습니다. 대역병은 이방 종교와 그리스 철학이 설명하고 위로할 수 있는 범위를 훌쩍 뛰어넘는 사태였습니다. 하지만 기독교는 이 재앙에 대해 신앙적이고 역사적인 해답을 제시하였습니다. 아울러 갑작스럽고 예기치 못한 죽음 앞에서 인생의 의미가 무엇인지 설명해주었습니다. 또한 천국을 제시하고 죽음을 두려워하지 않는 영성을 보여줌으로써 절망에 사로잡힌 로마 제국 시민들에게 희망을 품게 하였습니다.

둘째, 대역병 아래에서 그리스도인들의 생존율은 현저히 높았습니다. 인구의 1/3 혹은 2/3가 죽어 나가던 상황에서 이방인들이 보기에 이는 기적이었습니다. 왜 사망률이 낮았을까요? 그리스도인들이 다른 종교인들보다 청결했을 뿐만 아니라 서로 사랑하는 공동체 정신 때문이었습니다. 모든 서비스가 중단되었을 때도 기독교 공동체는 환자들에게 물과 음식을 제공하고 서로 돌봄으로써 사망률을 낮추었습니다. 이방 종교인과 로마 시민들은 전염병이 발생하면 멀리 도망치려고만 하였으나, 그리스도인들은 세상 사람들에게도 황금률을 적용해 이해 득실에 근거한 거래 관계 이상의 모습을 보여주었습니다. 매일의 삶에서 사랑과 구제를 통해 사람들을 섬겼던 것입니다. 세상 사람들이 볼 때 기독교는 기존의 종교와 완전히 다른 새로운 종교이자 감동을 자아내는 종교였습니다. 요즘 말로 하면 대안 공동체지요.

사도행전 2장 말미의 기록이 바로 초기 교회가 보여준 대안 공동체의 구체적인 모습입니다. 기독교는 그리스인이나 유대인이나 남자나 여자나 종이나 자유인을 막론하고 하나가 되어, 매일 집에서 떡을 떼며 기쁨과 순전한 마음으로 음식을 먹었습니다. 믿는 사람이 다 함께 있어 모든 물건을 서로 통용하고 또 재산과 소유를 팔아 각 사람의 필요에 따라 나눠주었습니다. 로마 시민들이 감동하지 않을 수 없는 모습입니다.

셋째, 교리적인 우월성 이전에 친교의 네트워크를 제공하였습니다. 흔히 교리적인 우월성으로 불신자를 끌어들일 수 있다고 생각하지만, 초기 교회는 희생적 사랑으로 사람들이 새로운 애착 관계를 맺게 했습니다. 요즘 말로 하면 생활 전도로 친밀한 관계를 형성한 다음에 자연스럽게 개종이 이루어지게 한 것입니다.

이 책을 읽고 부끄럽기도 하고 한편으로는 희망도 생겼습니다. 코로나 상황에서 그리스도인과 교회는 어떤 모습을 보였나요? 우리는 대안 공동체일까요? 자신이 없습니다. 그래서 부끄럽습니다. 그러나 선배들이 모범을 보였으니 소망을 품습니다. 로마의 대역병이 초기 교회를 발흥시키는 계기였듯이 우리가 하기에 따라 코로나19로 말미암은 팬데믹은 한국교회가 과거의 존경과 영광을 회복할 수 있는 기회가 될 수도 있습니다. 당장 제가 할 수 있는 일부터 해야겠습니다. 매력 있는 그리스도인이라는 칭송을 들을 만하게 살 일입니다.

10
아침톡 간증

7년째 지인들에게 아침톡을 보내고 있습니다. 핸드폰 화면 하나 분량으로 써서 전송합니다. 처음에는 지인들을 전도할 목적으로 보냈습니다. 아주 노골적인 메시지도 많았죠. 예수님 만세! 성경 최고! 교회의 매력!

환갑 무렵 심하게 앓다 일어난 후 넘치는 감사를 주체할 수 없어 그랬습니다. 그러다 제동이 걸렸습니다. "제발, 기독교 이야기만은 보내지 마세요." 불신자 지인들의 아우성이었습니다.

절필해야 하나 많이 고민했습니다. 아침톡을 보내는 목적이 전도인데 그 글만은 보내지 말라니, 더 이상 아침톡을 보낼 이유가 없었습니다. 그러다 문득 이런 생각이 들었습니다. '하나님이 햇빛을 주실 때 사람을 가려서 주시든가? 아니지 않은가?'

그날부터 종교색을 빼고 그냥 제 생활을 나누기 시작했습니다. 일상의 자잘한 사연, 만난 사람 이야기, 겪은 일 이야기 등등을 토요일과 주일, 공휴일만 빼고 아침 7시면 꼬박꼬박 보냅니다. 직접 전도에서 간접 전도 또는 생활 전도로 전략을 바꾼 셈입니다. 물론 신앙적인 메시지도 이따금 보내고 있습니다. 가끔 잊을 만하면 슬쩍 끼워 넣듯이 그렇게 보냅니다. 튀면 어쩌나 조마조마한 마음으로요.

이렇게 7년간 아침톡을 보낸 결과 어떤 변화가 생겼을까요? 제 아침톡 때문에 교회에 나가겠다는 사람은 아직 없습니다. 하지만 달라진 게 있어요. 기독교 얘기라면 손사래 쳤던 이들이 지금은 가만히 있습니다. 얼마 전에 「기독교연합신문」에 실은 "기절초풍할 일"이란 부활 관련 글을 모든 지인에게 보냈는데 누구 하나 거부 반응을 보이지 않았습니다. 다만 "기독교의 부활은 정신적인 부활이지 육체적 부활은 아니지 않느냐?" 이런 댓글을 보내왔기에 그렇지 않다는 설명을 길게 써서 답하는 즐거움을 누렸습니다.

"격리 기간의 은혜"라는 글을 읽은 불교 신자와는 석가모니의 신격화 문제로 대화를 시작해 "인간이었던 석가가 나중에 신격화되는 데 성경의 영향을 받은 것으로 보인다"라는 제 나름의 가설을 초기 불교를 공부한 지식을 바탕으로 이야기해도 반발하지 않았습니다. 오히려 "기회가 되면 이 점에 대해 가르침을 받고 싶습니다" 이렇게 반응하여 놀라웠습니다.

제가 즐겨 쓰는 글투를 흉내 내어 "아멘"이라고 댓글을 다는 불신자도 있었습니다. 지금은 교회에 나가지 않지만, 나중에 나가게 되면 제가 다니는 교회에 함께 나가고 싶다는 이도 있었습니다. 매일 아침 1시간 정도 공들여 보내는 아침톡이 헛수고는 아닌 듯합니다.

어떤 지인은 묻습니다. "어떻게 매일 글을 쓸 수 있나요? 너무 힘들지 않으세요?" 맞습니다. 처음에는 부담스럽기도 했습니다. 새날이 밝아오는데 마땅한 글감이 없어 쥐어짜기도 했으니까요. 하지만 이제는 글이 밀려 있습니다. 어떤 글부터 먼저 보내야 할지 고민할 정도입니다. 어떻게 이럴 수 있을까요? 다 교회 덕분이고 하나님 은혜입니다.

고등학교를 졸업하고 상경해 다닌 교회는 당시 개척교회였습니다. 교회에서 저는 매주 주보에 목사님의 설교 요약문을 만들어 실었습니다. 설교문을 일정한 분량으로 줄여야만 그 코너에 실을 수가 있었습니다. 그 일을 20년 넘게 하였으니 요약해 글 쓰는 훈련을 제대로 받은 셈이지요. 그게 몸에 배어서인지 어떤 사연이든 핸드폰 화면 하나 분량으로 표현하는 게 전혀 어렵지 않습니다. 순전히 우리 교회 덕분입니다.

또 하나는 하나님 은혜 때문입니다. 어릴 때부터 호기심이 풍부하게 하셨으니까요. 더욱이 아침톡을 하면서는 대충 보거나 들어서는 글을 쓸 수 없으니 매사 유심히 관찰하는 버릇이 생겨 나날이 섬세해졌습니다. 사람이든 유튜브든 책이든 영화든 아주 뚫어져라 봅니다. 그 결과 남들은 그냥 지나칠 일에서도 감동을 느끼기 일쑤입니다. 어느 날은 아현초등학교 앞 골목에서 참새 한 마리가 땅에서 움직이는 것을 보았습니다. 자세히 보니 발로 걷는 게 아니라 온몸으로 뛰는 게 아니겠어요! 그걸 아침톡으로 나누자 모두 신기해하더군요.

아침톡 지인이 자꾸만 늘어 1천 명을 넘었습니다. 은퇴하면 노후가 외로울까 염려했으나 아니었습니다. 지인들과 소통하며 삶의 신비와 희로애락을 날마다 나누니 즐겁기 그지없습니다.

11
흥얼흥얼 찬송하는 은사

저에게는 열등감이 하나 있습니다. 방언을 비롯해서 이른바 성령님의 신비한 은사를 체험하지 못한 데 대한 콤플렉스가 그것입니다. 명색이 장로인데 말이지요. 오순절교회 계통의 영향을 받은 교인들 가운데 몇몇이 방언을 자랑하거나 방언으로 기도할 때면 더욱 그랬습니다. 사도행전 2장에 나오는 방언은 외국어로서의 방언이지, 오늘날의 방언과는 다르다는 것을 잘 알면서도 그랬습니다.

방언은 못 하지만 내게는 글쓰기 은사가 있지 않은가? 이렇게 달래기도 하지만 신비한 은사라고는 할 수 없으니 내심의 열등감은 여전했습니다. 그러다 얼마 전 제게도 신비한 은사가 하나 있다는 것을 발견했습니다. 흥얼흥얼 무시로 찬송하는 은사입니다.

언제부터인지는 몰라도 온종일 흥얼거립니다. 걸어갈 때나 무슨 일을 할 때나 항상 흥얼댑니다. 대부분 복음송 아니면 찬송가입니다. 집에서 아내를 도와 설거지할 때도 찬송이 나옵니다. "당신, 힘들지 않은 척하려고 일부러 찬송하는 거죠?" 아내는 이렇게 놀리지만 아닙니다. 찬송이 그냥 저절로 나옵니다.

혼자 있을 때만 흥얼거리는 게 아닙니다. 다른 사람과 함께 걸어가다가도 흥얼거리기 일쑤입니다. 은퇴하기 전 교내에서 동료 교수와 함께 점심 먹으러 가던 어느 날이었습니다. 무심코 흥얼거렸던 모양인데, 동료 교수가 핀잔을 주었습니다. "노래는 혼자 걸을 때나 하시지요." 의도하지 않은 결례를 범한 셈입니다. 더욱이 그분은 불교 신자였으니 퍽 거북했을 것입니다.

언제부터 흥얼거렸을까요? 아마도 2013년 지독한 우울병으로 1년 넘게 고통받다가 극적으로 치유받은 후부터가 아니었나 싶습니다. 나날이 경험하는 삶의 기쁨과 감사를 지인들에게 아침톡(처음에는 아침문자)으로 전하면서 찬송도 함께 터져 나오기 시작한 듯합니다. 물이 고이면 저절로 흘러넘치기 마련이듯 아마 그러지 않았나 싶습니다. 다시 건강해져 보고 듣는 세상은 이전의 세상이 아니었습니다. 모든 게 하나님의 은혜요 감사투성이였죠. 그 감격을 아침톡으로 간증했지만 그것만으로는 부족해, 나머지 감사의 물결이 입술을 타고 찬양으로 흘러나와 지금까지 이어지는 듯합니다.

"다른 사람 있을 때는 제발 절제하세요."

얼마 전 아내가 이렇게 충고했습니다.

"내가 하고 싶어서 하는 줄 알아요? 그냥 저절로 흘러나오는 걸 난들 어떻게 해요?"

이렇게 변명하다가 퍼뜩 깨달았습니다. 방언만이 아니라 제가 무시로 찬양을 흥얼거리는 것도 성령님의 특별한 은사라는 사실을요!

도대체 어떤 찬양이 흘러나올까요? 궁금해서 며칠 전에는 메모해 보았습니다.

> 잠시 머물 이 세상은 헛된 것들뿐이니
> 주를 사랑하는 마음 금보다도 귀하다
>
> 나는요 세상에 있을 맘 없어요
> 이 세상 이 세상 나의 집은 아니요
>
> 아버지 사랑합니다
> 아버지 경배합니다
> 아버지 채워 주소서
> 당신의 사랑으로
>
> 사랑하는 나의 아버지 이름 높여 드립니다
> 주의 나라 찬양 속에 임하시니 능력의 주께 찬송하세

삼성 코엑스 전시장에서 넥슨의 창업주 김정주 회장의 자살 사건을 화제로 어떤 회사 상무와 대화한 직후 "잠시 머물 이 세상은 헛된 것들뿐이니", "나는요 세상에 있을 맘 없어요" 이 두 찬양이 흘러나왔습니다. 이 세상의 부귀가 얼마나 헛된 것인지 절감한 충격을 이 찬양으로 고백하게

성령님께서 역사하신 것일 테지요. 이어서 "아버지 사랑합니다", "사랑하는 나의 아버지", 이 두 곡으로 제 시선을 온전히 하나님께만 향하도록 단속하십니다.

유튜브에 보니 늘 흥얼거리는 사람이 행복한 사람이랍니다. 이제 더 이상 방언의 은사를 부러워하지 않겠습니다. 찬송 흥얼거림의 은사를 모두가 누렸으면 좋겠습니다.

12
하나님 너무 걱정하지 마세요

"하나님, 너무 걱정하지 마세요. 제가 잘 해볼게요."

지인의 딸이 하나님께 올린 기도랍니다. 첫아이를 낳은 지 얼마 되지 않아, 남편이 교통사고 후유증으로 목 아래가 마비되었을 때 드린 기도라고 합니다. 얼마 전 지인에게 이 말을 듣는 순간 감동이 밀려와 주체할 수 없었습니다.

억장이 무너지는 것 같은 상황에서 누가 이분처럼 기도할 수 있을까요? 내 걱정이나 자식 염려가 아니라 하나님부터 걱정하는 기도를 과연할 수 있을까요? 충격이었습니다. 도대체 내 죄가 얼마나 크기에 이러시느냐, 왜 하필이면 내 남편에게 이러시느냐며 원망하며 목 놓아 통곡할 만도 한데, 오히려 하나님께 걱정하지 마시라고 했다니 놀라웠습니다.

그렇게 말만 한 게 아니라 그 후로 지금까지 지극 정성으로 남편을 돌보고 있는 이 며느리를 그 시댁 식구들이 하늘처럼 떠받들고 있다고 합니다. 며느리가 가톨릭 신자라니 아마도 불신 가족들이었다면 며느리에게 감격해 성당에 나가고 있을지도 모를 일입니다. 참 신앙이 무엇인지, 진짜 기도가 무엇인지 깨우쳐주는 실화입니다. 하나님의 심정부터 헤아릴 수 있어야 진정한 믿음일 것입니다.

10년 전 환갑 무렵 병마로 1년 4개월간 심하게 앓을 때 저는 이렇게 하지 못했습니다. 명색이 장로이면서 절망했습니다. 영영 회복되지 못할 것만 같았습니다. 건강할 때 늘 입에서 흘러나오던 찬송도 그쳤습니다. 기도도 멈추었습니다. 어서 데려가 주시라는 기도만 나올 뿐이었습니다.

아내는 달랐습니다. 틀림없이 나을 거라며, 하나님께서 치유해주실 거라며, 기도원, 병원, 한의원, 그곳이 어디든 유명한 곳이라면 억지로 저를 데리고 가지 않은 곳이 없었습니다. 좋은 약이라면 무엇이든 해다 먹였죠. 3일, 7일, 한 달, 40일 금식기도도 밥 먹듯이 했습니다.

아내의 정성 때문이었을까요? 어느 주일 예배를 마치고 나오는 길에 하나님은 저를 말끔히 회복시켜주셨습니다. 중풍병자 친구 넷이 함께 들것에 환자를 뉘어 예수님이 계시는 집의 지붕을 뚫고 달아내려, 마침내 예수님으로부터 신유의 은혜를 얻었다는 마가복음의 기사처럼 제가 그랬습니다. 제 믿음이 아니라 순전히 아내의 믿음을 보시고 저를 고쳐주신 듯합니다.

기적같이 치유받은 그날과 그 시각(2014년 8월 17일 12시)을 제2의 생일로 알아 기억하며 늘 감사하고 있지만 참 부끄러운 일입니다. 그 1년 4개월 동안 그렇게 축 처져 있는 저를 보며 우리 하나님은 얼마나 기막혔을까요? 숱한 은혜 가운데 지금껏 인도해주었건만 장로라는 사람이 그까짓 병마 앞에서 이렇게 속절없이 무너지다니, 하면서 속상해하셨겠다는 생각을 이제야 해보게 됩니다. 지인 딸의 위대한 신앙을 보며 비로소 개안한 것입니다.

지인의 딸처럼 이렇게 기도했어야 합니다.

"하나님, 제가 아프다고 너무 걱정하지 마세요."

이렇게 하나님부터 안심시켜야 했습니다. 누구보다 하나님께서 나를 걱정하신다는 사실을 믿는다면 그랬어야 합니다. 가정의 한 기둥인 남편이 갑자기 쓰러졌을 때 절망하며 신세타령하는 대신, 남편을 세상에 보내신 하나님께서 얼마나 놀라고 계실까? 얼마나 걱정하실까? 이것부터 생각하며 그 하나님을 위로한 지인의 딸처럼 저도 하나님을 안심시키는 기도를 먼저 했어야 합니다.

"제가 해볼게요."

이러면서 건강 회복을 위해 백방으로 뛰었어야 합니다. 아내가 데리고 가기 전에 저 스스로 노력했어야 합니다. 어서 나아 다시 영광 돌릴 수 있게 해달라며 최선을 다했어야 마땅합니다. 장로답게 그랬어야 합니다. 진인사대천명(盡人事待天命)이라는 말 그대로, 야곱처럼 제가 할 수 있는 일은 다했어야 마땅합니다. 저는 그러지 못했지만, 지인의 딸은 지금껏 그렇게 하고 있다고 하네요. 아들이 초등학생이 되도록 한결같이 남편과 아들을 돌보며 지내고 있다니 천사가 따로 없죠. 평생 저를 깨우칠 죽비입니다.

부록

부록1
한국 천신숭배의 전개양상 시론

1. 머리말

한국 천신[1]숭배의 역사적 전개 양상을 살펴보려는 게 이 논문의 목표다.
왜 이 문제를 다루는가? 기독교가 한국에 전래한 후 비교적 짧은 시간 안
에 전 인구의 4분의 1을 차지하는 신도를 확보할 수 있었던 요인이 무엇
인지 규명하고 싶은 지적인 호기심 때문이다. 논자에 따라 다양하게 말
하고 있다. 6.25를 비롯하여 시대적이거나 역사적인 조건과 연결하는 경
우가 일반적이다. 물론 그 점을 간과해서는 안 된다. 하지만 전통문화, 특
히 전통적인 신앙과의 연관을 우선해서 고려해야 한다고 필자는 생각한

---

[1] 이 글에서 '천신'은 기본적으로 상제, 즉 지고신이자 최고신이란 의미로 사용한다. 하늘
에 대한 인식은 자연천(自然天), 인격천(人格天), 이법천(理法天)의 세 층위로 구분할
수 있는바, 이 글에서는 '천신'(天神), 즉 인격천에 주목하고자 하는데, 인격천은 곧 상제
천과 통하는 개념이다. 바로 기독교의 하나님(하느님)이라고 생각한다.

다. 위기의 순간, 불안한 순간을 맞는다고 해서 모든 민족이 기독교를 수용하는 게 아니고, 어쩌면 기독교가 전래하기 이전의 신앙에 기독교를 받아들이기에 유리한 조건이 배태되어 있었던 것은 아닐까 생각해본다.

필자는 그것을 천신숭배라고 생각한다. 하나의 가설이지만 민족사의 초기에서부터 비롯된 천신숭배 관념이 연면히 이어져 왔고, 그 바탕 위에 기독교가 전래하였기에 낯설지 않아 광범위하게 받아들였던 게 아닐까. 아는 만큼 보인다는 말이 있듯이 신앙도 그렇다고 생각한다. 전혀 이질적인 신앙은 받아들이기 어렵다. 겹치는 부분이 있을 때 쉽게 받아들일 수 있다. 과연 이 가설은 타당한 것일까?

각 시대의 자료를 통해 천신숭배 관념의 존재 여부와 전개 양상을 살펴보기로 하자. 시대 구분은 조동일 교수가 한국문학사를 기술하면서 제시한 것을 적용하기로 하겠다. 고대, 중세, 중세에서 근대로의 이행기, 근대, 이렇게 구분하는 방법을 따르되 여기에서는 중세에서 근대로의 이행기까지만을 다루기로 한다. 이 시기가 기독교가 전래하기까지의 역사이기 때문이다.[2] 아울러 고대 이전에 원시 시대가 있으나 문헌 기록은 없고 암각화를 비롯하여 간접적인 자료만 남아 구체적인 논의가 어렵고, 과연 그 시기의 사람들을 우리의 직계조상으로 볼 수 있는지에 대한 확증이 부족하므로 이 글에서는 언급하지 않았음을 밝혀둔다.

2　이 문제를 다룬 그간의 업적 중 통시적인 것으로는 김경탁, 「한국원시종교사(2) ─ 하느님관념발달사」, 한국문화사대계 VI(고려대민족문화연구소, 1970), 115-176쪽이 가장 대표적이다. 본고와는 달리 왕조별로 시대 구분을 하였고, 더러 '금신', '돍신' 등 검증하기 어려운 용어나 해석이 들어 있기는 하나, 이 문제를 다루기 위해 가장 먼저 보아야 할 업적이다.

2. 천신숭배의 전개양상

(1) 고대의 천신숭배

고대는 원시에 이어 우리 민족사의 서두를 장식하는 시기다.

고대 시기의 천신숭배 관념을 보여주는 자료에는 「단군신화」, 『삼국지』 「위지 동이전」, 『삼국유사』 「가락국기」 등이 있다.

1) 「단군신화」에 보이는 천신숭배

> 昔有桓因,[3] 庶子桓雄 數意天下 貪求人世 父知子意 下視三危太伯…風伯雨師雲師…(옛적에 환인의 차남 환웅이 있었는데 자주 천하에 뜻을 두어 인간 세상을 탐내어 구하였다. 아버지가 아들의 뜻을 알아차리고는 아래로 삼위 태백 지역을 내려다보았다.…풍백, 우사, 운사 등).

이 「단군신화」 문면에는 최고신인 천신이 등장한다. '환인'(桓因)이 그것이다. '환인'은 불경에 있는 도리천의 천주(天主)를 가리키는 말이다.[4] '하

---

3 기원의 대상으로서의 최고신이 우리 고전에서 환웅(환인의 아들이니 환인과 동격), 천제(天帝) 등으로 표기되어 있으나 우리말 명칭은 따로 있었을 것이다. 한글 창제 이전이므로 우리말 발음의 원래 명칭을 적을 수 없어 중국의 한자를 빌려 적다 보니, 중국과 함께 天(천)이나 귀신으로 표기했을 뿐이라는 사실을 늘 염두에 두어야 할 것이다. 국어학자 홍윤교 교수의 추정으로는 '하늘'이 최고신의 우리말 명칭이었을 것이라 한다.

4 옥성득, 「초기 한글성경 번역에 나타난 주요 논쟁 연구: 1877-1939」(장로회신학대학교 대학원 석사논문, 1993), 23쪽 참고.

늘에만 머무르는 초역사적인 존재'[5]라고 해석되는 신격인바, 「주몽신화」
에는 '천제'(天帝)로 표현되어 있다.

텍스트대로 읽어보자면, 환인은 엄연히 인격적인 존재다. 아들도 두
고 있으며, 아들이 품은 뜻을 알아차리기도 하며, 아들이 내려가서 다스
릴 지역을 고르기 위해 아래를 내려다보기도 한다. 아들의 의사를 존중
하여 그 앞길을 열어주되 자신이 가진 능력을 동원해 최선을 다하는 존
재, 아주 자상한 아버지로 묘사되어 있다. '환인'이란 천신이 자연신이나
우주의 이법(理法)이 아니라 인격신으로 묘사되어 있다는 것을 확실하게
알 수 있다.

2) 『삼국지』 「위지 동이전」에 보이는 천신숭배

夫餘 以殷正月祭天 國中大會 連日飮食歌舞 名曰 迎鼓…(부여에서는 은정
월이면 하늘에 제사하였다. 나라 안에 크게 모여 연일 마시고 먹으며 노래
하고 춤추었다. 그 이름을 영고라 하였다).

중국의 사서인 『삼국지』에 나타난 천신은 위에서 보는 바와 같이 제사를
받는 대상으로 나와 있다. 이 표현도 앞서의 「단군신화」에서와 마찬가지
로, 부여에서도 고조선과 마찬가지로 천신을 인격신으로 인식했다는 것
을 알게 한다.

---

5   조동일, 『한국소설의 이론』(지식산업사, 1977), 145.

고조선이 망한 후 한반도 강역에는 부여, 예 등 다양한 소국들이 분립하게 되는데 결국은 고조선의 유민이 주류를 차지했다고 볼 때, 고조선 건국신화의 천신 이미지가 부여에도 연속되는 것은 자연스러운 일이다. 부여의 문화는 고구려 및 백제를 통해 계승되어 가는바, 고조선의 천신 관념이 부여에 이어지는 것은 매우 주목할 만한 면모라 할 수 있다.

3)『삼국유사』「가락국기」에 보이는 천신숭배

皇天所以命我者 御是處 惟新家邦 爲君后 爲玆故降矣 你等須掘峰頂撮土 歌之云 龜何龜何 首其現也 若不現也 燔灼而喫也(황천께서 내게 명하여 이곳에 오게 하신 것은 오직 나라를 새롭게 하여 임금이 되게 하시려는 것이니라. 이것을 위해 내려온 것이니라).

고조선, 부여에서 확인된 인격신으로서의 천신 이미지는 가락, 즉 가야국에서도 엿보인다. 위의 기록에 나오는 황천이 바로 천신인데 수로에게 명령을 내리는 주체로 등장함으로써 이 사실을 명료하게 드러내고 있다. 「단군신화」에서보다 더욱 구체적으로 자신의 의지를 피력하여, 수로를 한 지역의 왕으로 삼으려는 뜻을 인간에게 드러내고 있어 흥미롭다.

조선 후기에 이르러 신흥종교 또는 민중종교 운동이 일어나면서 수많은 이들이 하늘의 뜻이라며 후천개벽을 비롯하여 새로운 세상을 설파하는데, 어쩌면「가락국기」의 '황천'은 그 구체성 면에서 원조라 할 만하다.「단군신화」의 '환인'도 그 원형에서는 충분한 메시지를 담고 있었을 가능성이 높지만, 현전하는 축약된 텍스트에서는 보이지 않기 때문이다.

이상으로 원시·고대 시기의 천신숭배 양상을 살펴보았다. 세 자료는 대상 지역의 차이에도 불구하고 공통점이 두 가지 있다. 천신의 성격을 모두 인격신으로 묘사하고 있다는 점이 그 하나다. 또 한 가지는 철저하게 그 나라 또는 지역의 조상신이나 수호신으로서의 성격이 강하다는 점이다. 물론 환인의 경우는 '홍익인간'(弘益人間)이라 하여 보편신으로서의 면모도 지니고 있기는 하지만, 더 이상 강조되어 있지는 않다. 부여나 가야의 경우 철저하게 그 지역의 신이라는 점만 강조되어 있다.

이런 점은 이 시기의 이념이 고대적 자기중심주의[6]였다는 사실을 여실히 반영한다. 자기 집단만이 선조가 하늘에서 내려온 천신족이라고 자부하는 의식이 충만한 게 「단군신화」류의 건국신화임을 알 수 있다. 패배한 집단이나 피치자와의 동질성을 거부하는 배타적이고 폐쇄적인 사고 형태다.[7]

(2) 중세 전기의 천신숭배

고대 다음의 시기는 중세다. 중세의 이념은 중세적 보편주의다.[8] 치자와 함께 피치자도 같은 사람이라고 하는 사고다. 이른바 고급 종교라고 하는 불교, 유교, 기독교, 이슬람교 등이 모두 이 생각을 담고 있는데 성현

6　조동일, 『한국문학통사 1』 제4판(지식산업사, 2008), 65.
7　조동일, 『한국문학통사 1』 제4판(지식산업사, 2008), 61.
8　같은 책, 같은 곳.

의 시대인 중세에 등장한다.

중세는 다시 전기와 후기로 나뉘는데, 전기는 삼국, 남북국, 고려 전기까지의 기간이다. 중세적 보편주의를 중국과 대등하게 구현하고자 희망했던 시기다. 후기는 고려 후기, 조선 전기까지의 기간이다. 중세적 보편주의를 독자적으로 구현하고자 한 시기였다고 평가하고 있다.[9]

이 시기에 우리의 천신숭배 양상은 어떨까? 과연 문학사의 양상과 동일할까?

1) 「광개토호태왕비문」에 보이는 천신숭배

我是皇天之子 母河伯女郎 鄒牟王 爲我連葭浮龜(저는 황천의 아들로서, 어머니는 하백의 따님인 추모왕입니다. 저를 위해 갈대와 거북 떼를 이어 주시고 띄워주소서).

「광개토호태왕비문」에서는 천신인 '천제'(天帝, 기록 전체에서는 이렇게 적고 있음)를 '황천'(皇天)으로 표현하고 있다. 「가락국기」와 같은 양상이다. 주몽의 기도를 들어주는 대상으로 설정되어 있다는 점에서 인격신으로서의 면모도 동일하게 유지하고 있다고 할 만하다.

다만 한 가지 의문이 제기될 수 있다. 주몽의 아버지는 천제의 아들인 해모수인데, 이 자료에서는 '황천'이라 표현하고 있다는 점이다. 하지

---

9   같은 책 2, 12쪽 참고.

만 고대의 사유에서 어떤 지존자의 아들이란 표현은 그 아들의 속성이 그 아버지와 동일하다는 의미인바, 성경에 나타나는 '하나님의 아들'이나 '하나님의 독생자'란 표현이 바로 그런 사례다. 즉 혈통상의 관계보다 그 속성이나 능력이 동질적임을 나타내는 표현이다.

이 자료의 해당 대목도 그렇게 해야만 풀린다. 천제와 해모수가 하나이듯, 그 아들인 주몽도 본질적으로 같은 신성을 지녔다는 사실을 의미하는 표현이다. 이를 근거로 주몽은 천신에게 문제를 해결해달라고 당당히 요청하고 있는 것이다.

이 자료에서 가장 주목할 게 있다. 문학사에서는 이때가 중세보편주의를 중국과 대등하게 구현하려고 한 시기라고 했지만, 천신숭배 면에서는 그렇지만도 않다. 주지하다시피 천신숭배는 중국 왕실에서만, 즉 하늘의 아들 곧 천자라고 칭해지는 황제만이 할 수 있는 고유한 것인데도 이 자료는 그와는 무관하게 고구려의 왕을 천제, 즉 황천과 연결 지어 서술하고 있다. 중세 후기에 나타나는 원심적인 지향이 이미 드러나 있다고 할 만하다. 하기야 '태왕'이라는 표현 자체가 천황이나 천자와 동일한 '제왕', '황제'라는 설명이 나와 있기도 하니 새삼스러운 일도 아니다.

2) 『삼국유사』「북부여조」에 보이는 천신숭배

天帝降于訖升骨城 乘五龍車 立都稱王 國號北扶餘 自稱名解慕漱 生子名
夫婁 以解爲氏焉(천제가 홀승골성에 내려오시는데 다섯 마리의 용이 끄는
수레를 타셨다. 도읍을 세워 왕이라 칭했고 나라 이름을 북부여라고 하였

다. 자칭 해모수라고 하였고 아들을 낳아 이름을 부루라고 하였으니, 해로 성씨를 삼았다).

이 자료에서는 천신을 천제(天帝)로 적고 있다. 이 텍스트에서의 천제는 문맥을 보면 천제의 아들인 해모수인데도 '천제'라 표현하고 있는바, 이에 대해서는 바로 앞에서 서술한 바와 같다. 아버지와 아들은 같은 속성을 지녔다고 인식한 당대인의 의식을 이 자료도 반영하고 있다는 것을 다시금 확인할 수 있다.

이 텍스트에서는 천제가 인간 역사에 개입하여 왕으로의 능력을 발휘할 수도 있음을 보여준다. 마치 이스라엘 역사에서 왕이 등장하기 전 사사기까지에는 여호와가 친히 이스라엘 민족의 지도자로 사실상의 왕으로 군림해 직접 다스린 것처럼, 천신인 천제가 그 의지를 이 땅에 직접 펼쳤다고 할 수 있다. 천제를 인간, 인간세계와 좀 더 가까운 존재로 인식한 자취를 이 기록이 보여준다.

이 역시 천신을 직접 거론하며 그 천신과 국왕을 직결시키고 있다는 점에서 중세 전기 문학사의 전개양상과는 구별되는 성향을 보여준다. 천신을 '천제'라 하여 임금 제(帝) 자를 얹혀 부르는 데 이미 천신이 지닌 통치 능력, 원래는 전 우주를 다스리는 능력이겠으나 이 자료에서는 한 나라를 치리하는 능력으로 집약되어 표현되고 있는 셈이다. 황제가 하나이듯 하늘의 황제인 천제도 하나라는 점에서 최고신 개념도 '천제'라는 용어에 내포되어 있다.

3) 김유신의 석굴 기도에 보이는 천신숭배

공의 나이 15세에 화랑이 되니, 한때 사람이 기꺼이 복종하여 칭호를 용화
향도라 하였다. 진평왕 건복 28년 신미에 공의 나이 17세였다. 고구려, 백
제, 말갈이 국토를 침략하는 것을 보고 비분강개하여 적구를 평정하고야
말겠다는 뜻이 있어 홀로 떠나 중악산 석굴 속에 들어가 목욕재계하고 하
느님께 아뢰며 맹세하되(戒告天誓盟日), "적국이 무도하여 범이나 이리 떼
처럼 우리나라를 침략하여 조금도 편안한 날이 없으므로 저는 한낱 미신
(微臣)으로 재주와 힘을 헤아릴 겨를이 없이 화란을 없앨 것을 뜻하오니 오
직 하느님께옵서 하강하시와 저에게 솜씨를 빌려주옵소서(惟天降監, 假手
於我)"라고 하였다. 나흘째 되던 날에 문득 한 노인이 갈의를 입고 와서 말
하기를 "이곳은 독사와 맹수가 많아서 무서운 땅인데 귀한 소년이 여기 홀
로 있는 것은 무슨 까닭이냐"라고 물으므로 대답하기를 "어른께서는 어디
서 오셨으며 존명을 들려주실 수 있겠습니까?" 하였다. 노인은 "나는 일정
한 거처가 없고 인연 따라 오가는데 이름은 난승이라 한다"고 하였다(이하
생략).[10]

삼국 통일의 영웅 김유신의 신비체험을 보여주는 이 자료는 그 당대의
천신숭배 사례를 명료히 보여준다. '천'(天)으로 표기되어 등장하는 하느
님은 인간의 간절한 기도에 응답하는 존재로 표상된다. 문맥상으로는 난

10　『삼국사기』「김유신열전」, 김부식, 『삼국사기』, 신호열 역(동서문화사, 1976), 706.

승이란 노인의 모습으로 변신하였거나, 대리자를 통해 기도에 응답한 것으로 보인다. "하느님께서 하강하"길 간구했는데 과연 그 기도 후에 노인이 나타나 문제를 해결해주고 있기 때문이다. 앞에서 보았던 인격신으로의 천신의 모습을 다시 확인할 수 있다.

　　요컨대 하늘에 대한 직접적인 제사는 천자만 할 수 있는 것이지만, 김유신은 그에 구애받지 않고 자신의 문제 해결을 위해 하늘에 직접 기도하고 있다. 이로 미루어 보건대 이 경우도 주체적인 양상을 보인다 할 수 있다.

4) 『고려사절요』 「인종조」에 보이는 천신숭배

　　己丑祭天禱雨.

이는 고려 왕실에서의 천신숭배 양상을 보여주는 자료다. 왕실에서 하늘에 제사하여 비 내리기를 기도했다는 것이다. 왕은 백성에게는 하늘 같은 존재이지만, 가뭄 같은 천재지변 앞에서는 역시 하늘 앞에 고개를 숙여 빌 수밖에 없는 존재라는 사실을 보여준다.

　　고려조에도 이미 제후국으로서 천자국인 중국의 영향 아래에 있으면서도, 천자도 어찌할 수 없는 절대 위기 앞에서 천신인 하늘에 제사를 지냈다는 이 기록은 의미심장하다. 이 경우의 하늘이 단순한 자연도 우주의 이법도 아닌 인격을 지닌 존재 또는 천지 자연의 주재자로 인식되었다고 볼 때, 이 전통이 지속되고 있다 할 수 있다.

(3) 중세 후기의 천신숭배

중세 후기는 앞에서도 언급했듯, 적어도 문학사에서는 중세보편주의를 주체적으로 구현하려던 시기다. 천신숭배 면에서도 그랬을까?

1) 조선 태조실록의 천신숭배

> 6권, 태조 3년 8월 21일 무자 2번째 기사 1394년 명 홍무(洪武) 27년. 원구단의 제사는 폐지하지 않고 이름만 원단으로 고치다.
>
> 예조에서 아뢰었다.
>   "우리나라에서는 삼국 시대 이래로 원구단(圓丘壇)에서 하늘에 제사를 올리고 기곡(祈穀)과 기우(祈雨)를 행한 지 이미 오래되었으니, 경솔하게 폐할 수 없습니다. 사전(祀典)에 기록하여 옛날 제도를 회복하되 이름을 원단(圓壇)이라 고쳐 부르기 바랍니다."
>   임금이 그대로 따랐다(○禮曹啓曰: "吾東方自三國以來, 祀天于圓丘, 祈穀祈雨, 行之已久, 不可輕廢。請載祀典, 以復其舊, 改號圓壇" 上從之).

이 기록을 보면 적어도 태조 때까지만 해도 왕의 주도 아래 천제(天祭)가 행해졌음을 알 수 있다. "삼국 시대 이래로" 그렇게 해왔다고 예조에서 아뢰고 있는데, 이는 앞에서 우리가 확인한 자료의 실상과 궤를 같이하고 있다. 즉 인격신을 섬기며 제사하는 관행이 아주 오랫동안 지속되어

왔다는 것을 확증한다.

더욱이 주목되는 것은 이 문제에 대하여 왕과 신료 사이에 아무런 의견 차이나 갈등이 없다는 사실이다. 신료들이 주청하고 이를 왕이 받아들여 시행하는 모양새를 갖추고 있어 아주 자연스럽다. 이 사안에 대하여 조정 신하들과 국왕 간에 완전한 의견 일치가 이루어져 있다. 적어도 태조 때까지는.

2) 조선 태종실록의 천신숭배

24권, 태종 12년 10월 8일 경신 4번째 기사 1412년 명 영락(永樂) 10년. 사간원에서 불교의 배척과 원단 제사를 없앨 것을 주장한 사간원의 상소.

사간원에서 상소하였다. 상소는 이러하였다.

"이제 우리 성조(盛朝)에서 모든 시위(施爲)가 한결같이 옛것을 따르시어 생민(生民)의 이해(利害)에 관한 것을 흥제(興除)하지 아니함이 없으나, 유독 신불(神佛)의 폐(弊)만은 아직도 다 개혁되지 못함이 있어 삼가 일득(一得)의 어리석음으로써 우러러 상총(上聰)을 더럽히니, 엎드려 바라건대, 성상께서 재가하여 시행하소서.

…엎드려 바라건대, 전하께서는 유사(攸司)에 특명하여 상제(喪祭)의 의식을 한결같이 『문공가례』(文公家禮)에 따르고 불사(佛事)를 엄금하게 하소서.

1. 천자가 된 다음에야 천지(天地)에 제사하고, 제후(諸侯)가 된 다음

에야 산천(山川)에 제사하는 것이니, 존비와 상하는 각각 분한(分限)이 있어 절연(截然)히 범할 수 없는 것입니다. 그러므로 영전에 3묘(三苗)가 천지와 신인(神人)의 의식을 혼학(昏虐)하고 잡유 독란(雜揉瀆亂)함에 순(舜)임금이 곧 중려(重黎)에게 명하여 끊어져 가는 곳에서 하늘에 통하게 하니, 내려와 이르지 아니함이 없었습니다. 이것은 성인이 사전(祀典)을 수명(修明)하여 상하의 분수를 엄하게 한 소이(所以)이며, 계씨(季氏)가 태산(泰山)에 여(旅) 제사를 지내자, 공자가 말하기를, '일찍이 태산이 임방(林放)만 같지 못하랴?' 하였으니, 이것은 신(神)이 예(禮)가 아닌 것은 흠향하지 않음을 이름입니다. 그러므로 그 태산의 귀신이 아닌데 제사함은 심히 무익한 것입니다. 우리 전하께서는 밝게 이 뜻을 알으시니 원단(圓壇)의 제사를 정파하고, 단지 산천의 산만을 제사하게 하소서. 대저 산천의 신은 경(卿)·대부(大夫)·사(士)·서인(庶人)이 제사할 바 아닙니다. 저들이 비록 아첨하여 제사한다 하더라도 신이 어찌 이것을 흠향하겠습니까? 지금 나라 사람들이 귀신을 속일 수 없음을 알지 못하고, 산천을 제사할 수 없음을 알지 못하며, 어리석게 분분(紛紛)하여 바람에 나부끼어 쓰러지듯 쏠리는 급속을 이루어, 나라의 진산(鎭山)으로부터 군현의 명산 대천(名山大川)에 이르기까지 모독하여 제사하지 아니함이 없으니, 그것이 예에 지나치고 분수를 넘음이 심합니다. 또 남녀가 서로 이끌고 끊임없이 왕래하면서 귀신에게 아양 부리며 곡식을 허비하는 폐단 또한 적지 아니하니, 원컨대, 이제부터는 중외의 대소 신하들이 함부로 산천에 제사 지낼 수 없게 하심으로써 존비의 분수를 밝히소서. 만일 어기는 자가 있으면 통렬히 법으로 다스리시고, 인귀(人鬼)의 음사(淫祀)에 이르러서도 모두 엄격히 금하여 풍속을 바르게 하소서"(○司諫院上疏。疏曰: 今我盛朝, 凡所施爲, 一遵古昔, 生民利害, 靡不興除, 獨神佛之弊, 有未盡革者。謹將一得之愚, 仰瀆天聰, 伏惟聖裁施行。…伏望殿下特命攸司, 喪祭之儀, 一依《文公家禮》, 痛禁佛事。一, 天子然後祭天地, 諸侯然後祭山川, 尊卑上下, 各有分限, 截然不可犯也。是故在昔三苗, 昏虐天地神人之典, 雜揉瀆亂, 舜乃命重黎, 絶地天通, 罔有降格。是則聖人所以修明祀典, 以嚴上下之分也。季氏旅於泰山, 孔子曰: "曾謂泰山, 不如林放乎!"是謂神不享非禮, 故祭非其鬼, 無益之甚也。我殿下灼知此義, 停罷圓壇, 只祭山川之神。夫山川之神, 非卿大夫士庶人之所當祭也。彼雖詔祀, 神豈享之! 今國人不識鬼神之不可欺, 山川之不可祀, 泯泯棼棼, 靡然成習, 自國之鎭山, 以至郡縣名山大川, 罔不瀆祀, 其越禮蹂分甚矣。且男女相挈, 往來絡繹, 媚神費穀, 弊亦不小。願自今, 中外大小人臣, 不得擅祀山川, 以明尊卑之分, 如有違者, 痛繩以法, 至於人鬼淫祀, 亦皆痛禁, 以正風俗)。

위 기록은 태종대에 이르러서는 천제(天祭) 문제에 대하여 태조 때와는 다른 양상이 벌어졌다는 것을 보여준다. 신료들이 국왕에게 천제를 지내지 않아야 한다며, 불교를 배척하는 것과 마찬가지로 원구단의 천제도 폐지하라 요청하고 있다. "천자가 된 다음에야 천지(天地)에 제사"할 수 있다는 전제 아래 그렇게 주장한다. 중국에서의 주장을 그대로 수용하고 있는 셈이다.

3) 조선 세종실록의 천신숭배

세종실록 4권, 세종 1년 6월 7일 경진 2번째 기사 1419년 명 영락(永樂) 17년. 가뭄이 심하므로 변계량이 하늘에 제사 지낼 것을 건의하다.

정사를 보았다. 변계량이 가뭄이 심하므로 원단(圓壇)에서 하늘에 제사 드리는 예(禮)를 다시 하자고 청하니 임금이 말하기를, "참람한 예는 행함이 불가하다"고 하였다.

　　변계량이 답하여 아뢰기를 "제후가 하늘에 제사하는 것이 불가한 것은 예(禮)에 그러하옵고, 성인의 가르치심으로도 또한 불가하다 하였습니다. 그런데 근래에 중국 사신 주탁(周倬)이 와서 우리나라 사람에게 묻기를, '들으니, 그대들의 나라가 하늘에 제사한다 하니, 과연 그러한가' 하니, 대답하기를, '그러하오' 하였습니다. 탁이 말하기를, '인사(人事)를 가지고 말하면, 그대의 나라가 향례(饗禮)를 베풀어서 조정 재상에게 청한다면, 혹 허락할 수는 있는 것이겠으나, 천자를 청한다면, 비록 정성을 다한다 하더라도 어찌 네 나라에 내려오기를 즐겨하겠는가' 하므로, 여기에 비로소 하늘에 제사하는 의식을 폐하였습니다. 그러나 저의 소견으로서는 제사하는 것이 낫겠사오니, 전조 2천 년 동안 계속해서 하늘에 제사하였으니 이제 와서 폐함이 불가하나이다. 하물며 본국은 지방이 수천 리로서 옛날의 백리 제후의 나라에 비할 수 없으니, 하늘에 제사한들 무슨 혐의가 있겠습니까" 하니, 임금이 말하기를 "제후가 하늘에 제사함이 옳지 않음은 예(禮)에 있어 마땅한 것이니, 어찌 감히 지방이 수천 리가 된다 해서 천자의 예를 분수 없이 행하리오" 하였다.

　　계량이 다시 아뢰기를 "하늘에 제사하는 것이 비록 제후의 예가 아니라 하오나, 신은 행하는 것이 옳을까 하옵니다. 왜 그런가 하면, 기수(沂水)가에 하늘에 제사하여 비를 비는 곳이 있으니, 이 같은 예는 옛적에도 있었습니다. 평상시에 늘 제사함은 불가하다 하겠으나, 일의 경우에 따라 행사함이 오히려 옳을까 하오니, 이제 막심한 한재를 당하여 행함이 또한 무방하오니, 하늘에 제사함이 무슨 혐의가 되겠습니까" 하니, 임금이 그렇게 여기고, 명하여 하늘에 제사할 날짜를 선택하라 하였다(○視事。卜季良以旱甚, 請復圓壇祭天之禮, 上曰: "僭禮不可行也。" 季良對曰: "諸侯不可祭天, 禮固然矣, 聖人垂訓, 亦以爲不可。近者, 周倬奉使而來, 謂我國人曰: '聞, 爾國祭天然乎?' 對曰: '然。' 倬曰: '以人事言之, 爾國設饗禮, 以請朝廷宰相, 則容有許可之理, 至如天子則雖請之以誠, 豈肯降臨爾國乎?' 於是, 始廢祀天之禮。然以臣所見, 莫如祭之。前朝二千年相承祀天, 今不可廢也。況本國地方數千里, 不比古者百里諸侯之國, 於祀天乎何嫌之有?" 上曰: "諸侯之不可祀天, 在禮固然。豈可以地方數千里, 遂僭天子之禮乎?" 季良復啓曰: "臣以謂, 祭天雖非諸侯之禮, 行之爲可。何則? 沂水之邊, 有祭天禱雨之處。然則此禮, 古亦有之。常祭則不可也, 因事而行, 猶爲可也。今當大旱, 亦無所妨, 祭之何嫌乎?" 上然之, 命擇祭天之日).

세종대의 이 기록에서도 하늘 제사에 대해 생각이 갈라져 일정한 갈등을 보여주고 있다. 천제 불가론을 국왕이 주장하자 이에 대하여 신하인 변계량이 나름의 근거를 들어 천제를 시행해도 무방하다고 하고, 마침내 국왕이 그 의견을 수용하는 양상을 보여준다. 어쩌면 세종의 내심은 천제를 지내고 싶었으나 신하들을 잠재우기 위한 고도의 정치력을 발휘해 이런 토론을 유도했는지도 모를 일이다. 훈민정음을 창제할 만큼 주체적인 의식을 지닌 세종이라면 충분히 그럴 만하다.

4) 조선 세종실록의 '천부'(天父) 소동

어떤 하급 관료가 동료에게 "꿈에 天父께서 나타나 말씀하셨다"라고 하였고, 이를 보고받은 세종이 문책하는 기사다. 하늘을 아버지로 표현한 이례적인 사례다.

> 세종실록 75권, 세종 18년 12월 22일 계미 2번째 기사 1436년 명 정통(正統) 1년. 광망한 영평 사람 김호연이 당직청에 나가 망언하다.

> 영평(永平) 사람 김호연(金浩然)이 스스로 돈화문 밖의 당직청(當直廳)에 나아가서 교의(交椅)에 걸어앉아 갑자기 관리를 불러 말하기를, "천부(天父)께서 나에게 명하여 나라를 다스리게 한 까닭으로 이곳에 이르렀는데, 너희들이 어찌 나에게 무례하는가" 하면서, 이내 크게 꾸짖었다.
> 　손에는 작은 봉서(封書)를 가지고 있었는데, 모두 도리에 어긋나고 남을 속이는 설이었다. 당직한 관원이 이를 아뢰니, 임금이 말하기를 "옛날에도 이 같은 광망(狂妄)한 사람이 있었으나, 다시 그 이유를 묻지도 않고 다만 먼 지방으로 귀양보내기만 했으니, 지금도 또한 신문하지 않는 것이 옳겠다" 하였다.

승지 등이 모두 가두어 신문하여 그 실정인가 거짓인가 보기를 청했으므로, 명하여 의금부에 가두어 추핵하게 하니, 말한 바가 요망하고 허탄(虛誕)하며 혹은 인도에 벗어난 말을 하기도 하였다(○永平人金浩然自詣敦化門外當直廳, 踞交椅而坐, 遽呼官吏曰: "天父命我治國, 故到此, 爾等何無禮於我乎?"因大罵之, 手持小封書, 皆狂誕之說。當直官以聞, 上曰: "古有如此狂妄者, 不復問其由, 只令流于遐方, 今亦不問可也。"承旨等皆請囚問, 以觀情僞, 命囚于義禁府推覈, 所言妖誕, 或發不道之言).

이 기록은 아주 희귀한 것이다. 우리 역사에서 천신을 아버지로 표현한 첫 사례이기 때문이다. 불교에서도 이런 표현은 없는 것으로 알고 있다. 오직 기독교에서만 '하나님 아버지' 즉 '성부'(聖父)라는 표현을 쓰는데, 위 기록에서 보는 바와 같이 세종대에 이미 '천부'(天父)라는 표현이 등장했다.

이는 참 불가사의한 일이다. 김경탁 선생은 이 현상을 네스토리우스파에 의해 성립된 경교(景敎)가 한반도에 유입되어 어떤 형태로든 영향을 미쳐, 그 결과로 이런 일이 나타난 것으로 조심스럽게 해석한 적이 있다. 필자도 그 견해에 동조한다. 경주 지역에서 발견된 십자가 형상의 조형물을 보거나 중국과 우리와의 교류 관계를 보거나 그 개연성이 높다고 판단하기 때문이다. 아니라면 자생적인 성령 체험, 성령의 조명이나 계시에 따라 이루어진 일이라 보아야 할 것이다.

하지만 이런 표현은 성리학자인 세종이나 동료 관원들에게는 도저히 납득할 만한 일이 아니라서 배격되고 만다. 그 당사자는 투옥되어 조사를 받기에 이른다. 어쩌면 전례에 따라 귀양을 갔는지도 모를 일이다. 이런 표현이 받아들여지기에는 시기상조였다.

5) 최부(崔溥, 1454-1504) 『표해록』의 천신숭배

신도 그 말과 같이 인장(印章)과 마패(馬牌)를 품 안에 넣고 상관(喪冠)과 상복(喪服)을 갖추고는 근심스럽고 두려워하는 태도로 손을 비비고 하늘에 축원하기를(臣如其言。懷印與馬牌。具喪冠與服。惴惴然挼手祝天曰), "신이 세상에 살면서 오직 충효와 우애를 마음먹었으며, 마음에는 기망(欺罔)함이 없고 몸에는 원수진 일이 없었으며, 손으론 살해함이 없었으니, 하느님이 비록 높고 높지마는 실제로 굽어살피시는 바입니다. 지금 또 임금의 명령을 받들고 갔다가 먼 곳에서 친상(親喪)을 당하여 급히 돌아가는 길인데 신에게 무슨 죄와 과실이 있는지 알지 못하겠습니다. 혹시 신에게 죄가 있으면 신의 몸에만 벌이 미치게 하면 될 것입니다. 배를 같이 탄 40여 인은 죄도 없으면서 물에 빠져 죽게 되었으니 하느님께서는 어찌 가엾지 않습니까?(天其敢不矜憐乎) 하느님께서 만약 이 궁지에 빠진 사람들을 민망히 여기신다면(天若哀此窮人), 바람을 거두고 파도를 그치게 하여, 신으로 하여금 세상에 다시 살아나서 신의 갓 죽은 아비를 장사지내게 하고, 노인이 된 신의 어미를 봉양하게 하십시오. 다행히 또 궁궐의 뜰 아래에 국궁(鞠躬)하게 한다면 그 후에는 비록 만 번 죽어 살지 못하더라도 신은 실로

마음에 만족하겠습니다" 하였습니다.[11]

최부는 사대부다. 왕명으로 제주도에 파견되어 다스리다가 부친상을
당해 배를 타고 나주로 가다가 태풍에 밀려 표류하게 되는데, 그 과정에
서 위와 같이 천신에게 기도하고 있다. 우리의 통념과는 달리 사대부도
생명의 위험 앞에서 개인적인 차원의 기도를 천신에게 드리고 있어 주
목된다.

　이 기록에서 천신을 '천'(天)으로 적고 있어 앞의 기록들과 다르게 보
인다. 하지만 한자로 적어서 그렇지, 한글로 적었다면 필시 우리말로 '하
느님'이나 '하늘님'이라 했을 것이다. 이전의 것들도 마찬가지였으리라
고 본다.

6) 이문건(李文楗, 1494-1547) 『양아록』의 천신숭배

　엎드려 생각하옵건대, 제가 산과도 같은 앙화를 겪어 실낱과도 같은 목숨
을 남겨 가지고 있사옵니다. 시작과 종말은 그 운수가 정해져 있어, 비록 크
게 한정된 운명은 도피할 수가 없는 법이지만, 환난이 때로 찾아오면 그 횡
액에서 벗어나기를 바라는바, 이에 저의 정성을 다해 옥황상제께 경건히
기도드리옵니다. 원하옵건대, 특별히 신묘한 기운으로 도와주시며, 바라옵
건대 영험한 반응을 내려주시어, 근심을 전환하여 기쁨이 되게 하시사 재

11　http://db.itkc.or.kr(한국고전번역원)에 수록된 것을 참고함.

액에 얽매인 상태에서 면해지도록 해주시고, 죽음에서 삶으로 돌이키사 꺼져가는 생명을 이어가게 해주시옵소서. 또한 저는 외롭고 위태로우며 돕는 이도 없어, 거꾸러지고 자빠져도 그 누가 부축해주겠습니까? 우둔하고 병객인 제게 아들이 있어, 비록 난리 속에 처자와 조카들을 이끌고 도망하다, 자꾸만 도적을 만나 위험해지자 자기 자식을 나무에 묶어 놓고, 아비를 일찍 여읜 조카들만 데리고 도망하여 무사하였으나 결국 자기 아이를 갖지 못했다는 등유(鄧攸)가 아들을 잃은 것과 같지는 않으나, 아들의 실마리를 계승하여, 감히 마묵(馬黙)처럼 저도 손주 아이를 얻게 되기를 감히 희원하옵니다.[12]

이문건도 앞에서 다룬 최부처럼 관직을 역임한 양반 사대부의 일원이었다. 그런 그가 장조카가 역모에 휘말려 자신도 기약 없는 유배 생활에 들어가자, 멸문지화를 당할 위기감 아래 손자 보기를 희구하여 천신에게 빌고 있다. 양반 사대부가 천신에게 올리는 기도문을 직접 작성하고 있어 충격적이다. 유교가 종교가 아니기 때문에 부득이 도교의 최고신인 옥황상제에게 기도할 수밖에 없는 고민을 확인할 수 있다. 이 역시 인격신으로서의 천신인바, 다만 다분히 도교의 명칭인 '옥황상제'를 연상하도록 천신을 '제'(帝)로 표현하고 있을 따름이다.

　　이상에서 살핀 바와 같이 중세 후기에도 인격신으로서 천신에 대한 숭배는 왕실에서부터 일반 양반 사대부에 이르기까지 폭넓게 이루어지

12　　이문건, 『양아록』, 이상주 역(태학사, 1997), 203.

고 있었다는 것을 알 수 있다. 비록 중국의 견제를 의식할 수밖에 없는 분위기 아래 있었지만, 필요에 의해 왕실에서도 일반 사대부의 생활 속에서도 천신숭배는 계속되었던 것이다.

(4) 중세에서 근대로의 이행기에 천신숭배

중세에서 근대로의 이행기란 조선 후기 및 임진왜란 이후로부터 1919년 3.1운동이 일어나기까지의 시기를 말한다. 근대가 민족주의의 시대라면 이 이행기는 중세적인 움직임과 근대적인 움직임, 즉 중세적 보편주의와 근대적 민족주의가 공존하는 시기다. 이 시기의 천신숭배는 어떻게 이루어졌을까?

1) 박인로, 「노계가」[13]의 천신숭배

時時로 머리드러 北辰을 부라보고/ 눕모르는 눈물을 天一方의 디이느다/ 一生애 품은 뜻을 비옵느다 하느님아/ 山平 海渴토록 우리 聖主 萬歲소셔/ 熙皡 世界예 三代 日月 빗취소셔/ 於千萬年에 兵革을 쉬우소셔/ 耕田鑿井에 擊壤歌를 불리소셔/ 이 몸은 이 江山 風月에 늘글주를 모로로라

아마도 우리 역사에서 천신의 이름이 순우리말 음가 그대로 한글로 적힌

13　고전문학연구실, 주해 한국고시가선 근조편(프린트본), 128쪽.

최초의 사례가 박인로의 「노계가」일 것이다. '하느님'이라는 표현이 그것이다. 앞에서도 약간 언급했다시피, 어쩌면 「단군신화」 이래 모든 한문 표기 기록에 등장하는 '천', '천신', '황천', '상제' 등의 표현이 기실은 모두 우리말 '하느님'(하느님)이었을 가능성이 크다. '하느님'이냐, '하나님'이냐, '한울님'이냐는 그다지 중요한 문제가 아니다.

박인로의 이 표현이 새로 개발된 것이라고 보아서는 곤란하다. 이미 구어로는 모두 그렇게 부르고, 한자로 적을 때만 다르게 표기하여 언문불일치 현상을 보였던 건데, 박인로에 와서 한글로 우리말 음가대로 적었다. 고대의 명칭이 잠복해 있다가 분출되어 다시 등장했다고 해석된다.

2) 고소설 『심청전』(완판본)[14]의 천신숭배

"인당수 용왕님은 사람 제물 받잡기로 유리국도 화동에 사는 십오 세 효녀 심청을 제물로 드리오니, 사해 용왕님은 고이고이 받으소서. 동해신 아명 서해신 거승이며, 남해신 축융 북해신 옹강이며, 칠금산 용왕님 자금산 용왕님 개개 섬 용왕님 영각대감 성황님, 허리간에 화장성황 이물고물 성황님네 다 굽어보옵소서. 물길 천리 먼먼 길에 바람구멍 열어내고, 낮이면 골을 넘어 대야에 물 담은 듯이, 배도 무쇠가 되고 닻도 무쇠가 되고 용총마류 닻줄 모두 다 무쇠로 점지하시고, 빠질 근심 없삽고 재물 잃을 근심도 없애

---

14   http://www.jikji.org.

시어 억십만 금 이문 남겨 대끝에 봉기질러 웃음으로 즐기고 춤으로 기뻐하게 점지하여 주옵소서."…심청이 거동 보소. 두 손을 합장하고 일어나서 하느님 전 비는 말이, "비나이다, 비나이다, 하느님 전에 비나이다. 심청이 죽는 일은 추호라도 섧지 아니하여도, 병든 아버지 깊은 한을 생전에 풀려 하고 이 죽음을 당하오니 명천은 감동하사 어두운 아비 눈을 밝게 띄워 주옵소서."

이 자료는 일반 민중의 천신숭배 양상을 보여주고 있다. 선원들의 기도에서는 여러 방면의 용왕이 등장해 다신교적인 양상도 보여주고 있지만, 종국에 가서는 심청이가 '하느님'께 빎으로써 천신숭배로 수렴된다. 한 가지 흥미로운 점은 몽은사 화주승에게 시주할 때는 부처님의 능력으로 심봉사의 눈이 떠지는 것으로 되어 있지만, 막상 이 대목에서는 부처님과는 무관한 신격들을 위하고 있다는 점이다.

3) 기독교의 천신숭배

한국에 처음으로 들어온 기독교 교파는 천주교였다. 천주교가 한역(漢譯) 서학서(西學書)로 전래하던 초기부터 한국가톨릭은 중국가톨릭의 '천주'(天主)를 수용하였다. 초기 천주교 신자들은 보유론(補遺論)적 태도에서 '천주'를 유교의 '상제'와 같이 보면서 성경적인 신관을 수용했다. 한 가지 특별한 사실은 이벽의 경우로서 『성교요지』(聖敎要旨, 1785)에서 본문에는 '상제'를, 주에서는 '상주'(上主)를 사용하였다. 이 '상주'는 동양 원시유교적인 '상제'에서 따온 '上'과 서구 기독교의 '천주'(Deus)에서 따온

'主'를 혼합한 이벽 나름의 용어였다. 이익도 이런 입장이었으나 홍정하, 신후담은 천주와 상제를 구분했다.[15]

이 '천주'는 18세기 말, 19세기 초에 들어와 『텬쥬실의』, 정약종의 『쥬교요지』(1801 이전), 이벽의 『셩교요지』(1812) 등의 한글교리서가 나오면서 '텬쥬'로 사용되기 시작하였다. 특히 정하상의 『상제상서』(上帝上書, 1839) 한글 번역문은 '하느님', '샹졔', '하늘' 등이 '텬쥬'와 같다고 함으로써 유교의 天, 上帝는 물론 한국 고유의 하느님도 수용할 수 있는 용어임을 밝혔다.[16]

천주교에 이어 들어온 개신교에서는 천주교와는 달리 최고신의 명칭을 우리말인 '하느님'으로 불렀다. 로스가 작성한 「예수셩교문답」의 첫 부분에 나오는 다음의 문답이 그것을 보여준다.

> **문** 텬디만물이 어드리 잇너뇨
> **답** 하느님이 지여닌은 거시라[17]

그럼 여기 쓰인 '하느님'의 뜻은 무엇일까? 로스에 의하면 하느님의 어원은 '하늘'이며, 중국어 '上帝'와 대응하는 지고신(至高神)의 의미와 천로야(天老爺)와 비슷한 '전능자', '무소부재', '불가시'(不可視)의 속성을 가지고 있다. 로스는 1883년의 『예수셩교셩셔 누가복음 뎨자힝젹』부터는 '하나

---

15 옥성득, 앞의 논문, 24쪽.
16 같은 논문, 같은 곳.
17 같은 논문, 같은 곳.

님'으로 표기하였다. 이는 개념 변화가 아니라, 제2음절 아래 ㆍ 음가 표기를 대부분 ㅡ에서 ㅏ로 통일시킨 결과였다.[18] 이렇게 함으로써 박해받던 천주교와는 구별되기도 하면서 한문에 밝지 못한 일반 민중에게 더 친근한 '하느님', '하나님'을 받아들이는 지혜를 발휘했다. 이럴 수 있었던 것은 로스가 고백한 것처럼 한국인에게는 어느 곳에서나 초월적인 지배자요 지상(至上)의 지존자를 의미하는 '하나님'(하느님/하ᄂᆞ님)이 있었기 때문이다. 거기에 피선교지의 문화를 수용하고 토착교회를 지향했던 로스의 선교정책이 작용하여 고유어 신명인 하느님(하나님) 채택이란 결과를 낳았다.

로스가 '하느님'(하나님)이라 부른 이후 '신'(神) 또는 '상제'(샹뎨), '여호와', '춤신', '텬쥬' 등의 용어도 등장하여 치열히 논쟁하며 경쟁을 벌이기도 하였다. 하지만 그 많은 표현 가운데에서 결국 '하나님'으로 귀착되어 오늘에 이르고 있다. 여기에서 오해하지 말아야 할 게 있다. '하나님'을 수사 '하나'(一)에서 유래한 말로 보아 '유일신'을 뜻하기 위해 그렇게 한 것이라는 생각이다. 우리말에서 수사 하나의 고어 표기는 'ᄒᆞ나'이므로 이는 잘못된 생각이다. 하나님은 하늘을 의미하는 '하ᄂᆞᆯ'에서 유래한 것인데 다만 우리 신앙에서의 하ᄂᆞᆯ은 자연천이 아니라 인격천, 즉 상제천이었다는 것을 유념할 필요가 있다. 어원면에서는 '하늘'에서 유래하였으나 논쟁 과정에서 여기에 '유일신'이란 개념을 하나 더 추가함으로

---

18   로스는 처음부터 ㆍ를 체언에서는 단독 모음으로 거의 사용하지 않았다. 원래 우리의 관행으로는 하ᄂᆞ님이라 적었어야 하지만 그렇게 하지 않고 하느님이라 한 것이다. 옥성득, 같은 논문, 26쪽 참고.

써 성경에서의 천신, 즉 유일신 개념을 온전히 드러낼 수 있다고 해석하고 판단해 '하나님'으로 최종 결정되어 오늘에 이르고 있다고 보는 게 타당하다.[19]

4) 동학의 천신숭배

侍天主造化定永世不忘萬事知(하날님을 모시오니, 무위이화로 천덕에 합하여 마음을 정하도록 하시옵고, 한평생을 언제나 잊지 아니하옵나니, 대도를 받아 모든 일을 깨닫도록 간섭하여 주시옵소서).[20]

하날님도 하날님도 이리될 우리 신명
어찌 앞날 지낸 고생 그다지 시키신고[21]

호천금궐 상제님도 불택선악 하신다네
자조정 공경이하 하날님께 명복받아

부귀자는 공경이요 빈천자는 백성이라[22]
천상에 상제님이 옥경대 계시다고

---

19 이에 대해서는 국어학자인 홍윤표 선생의 조언을 참고했음을 밝혀둔다.
20 「본주문」(本呪文),『동학경전』(정간사, 1986), 57.
21 「교훈가」,『동학경전』(정간사, 1986), 115.
22 「안심가」,『동학경전』(정간사, 1986), 150.

보는 듯이 말을 하니 음양 이치 고사하고

위의 네 가지 기록은 모두『동학경전』에 실려 있는 것들이다. 천신을 '하날님', '상제', '천주' 등으로 다양하게 표현하고 있으나, 주석을 보면 동일한 개념이라 처리하고 있다는 것을 알 수 있다. 흥미로운 것은 천주교, 즉 서학 또는 서교를 대항해서 등장한 게 동학인데도, 천신의 이름에서 '천주'(天主)라는 표현을 공유하는 점이다.

이 밖에 우리는 조선 성리학에서의 천신 의식을 생각해볼 수 있다. 하지만 그간의 연구에서 밝혀진 바를 따르면, 성리학에서는 철저히 이법천(理法天)만 상정하고 있으므로 여기에서 함께 논의할 수 없다. 이 점에 대해서는 다산 정약용의 적절한 비판이 있었다. "옛사람들은 성실하게 하늘을 공경했으니 참으로 하느님을 섬겼다.…그러나 오늘날의 사람들은 하늘을 한갓 이(理)로만 알고 있다"[23]는 지적이 그것이다. 그렇게 종교적 지향이 배제된 상태에서는 자기 기만과 방자성 등 잘못된 인간 행위에 대한 제동장치의 장착이 불가능하고 또한 그것이 기능할 수 없다고 보았다. 다산은 인간 행위에 대한 제동장치의 상실 상태가 당시 성리학의 세계에 안주하고 있었던 지식인들의 실상이라 비판하였다. 다산은 종교적 지향을 통해서만 인간의 마음과 행위에 참됨, 진지함, 경건함, 두려움 등을 동반할 수 있다고 주장하였다.[24]

---

23 『정다산전서』상(문헌편찬위원회, 1960), 613.
24 박홍식,「다산의 천사상과 세계관」, 한국가톨릭철학회·동양철학연구회 2001년도 추계 학술회의 '유교와 가톨릭의 만남' 발표요지집(성균관대학교 경영관 33402호 첨단강의

또 하나, 민간신앙에서의 천신숭배 양상에 대해서도 검토할 필요
가 있다. 관련 연구성과를 보면 천신대신(천신, 천왕신, 천신대감신, 천황천존
신),[25] 천지왕,[26] 미륵님,[27] 제석(제석신)[28] 등 다양한 표현이 존재한다. 그런
데 천신이나 천황 같은 표현은 무속을 음사(陰祀)로 배척한 조선조에서는
쓸 수 없었을 것이고 미륵님, 제석 등 다른 이름으로 숨겨서 부르다가 최
근에 와서 복원해 쓰는 것이라 이해해야 할 것이다.

3. 맺음말

앞에서 우리는 한국 역사의 전 시기를 통관하여 천신숭배가 지속되어왔
다는 사실을 확인하였다. 우리말로는 '하늘님'(하느님/하나님)인 존재를
고대 시기부터 제사하고 기원해오다가 천자, 즉 황제만이 하늘 제사를
지낼 수 있다는 중국의 영향력을 강하게 받으면서, 적어도 국가 차원에
서는 다분히 음성화·잠재화하였다가 기독교가 들어오면서 다시 천신숭
배가 수면 위로 떠올라 오늘까지 이르고 있다고 파악된다. 자연계시 상
태로 막연하게 알고 섬기던 천신(하느님)을 특별계시인 성경을 통해, 그
분의 계획과 뜻이 무엇인지 소상히 알고 섬기게 된 과정이라 하겠다. 사
도 바울의 표현을 빌리면, "알지 못하고 섬기던 신"을 이제 "알고 섬기는

실, 2001. 12. 15), 83.
25 김태곤, 『한국무속연구』(집문당, 1981), 280-281 참고.
26 제주도 무가 〈초감제〉, 〈천지왕본풀이〉.
27 함경도 무가 〈창세가〉.
28 불교에서의 천신.

신"으로 모시게 되었다고나 할까? 감사한 일이다.

여기에서 한 가지 의문이 일 수 있다. 인간이 절대자인 천신을 상정하고 믿는 까닭은 무엇일까? 이 의문을 푸는 데 아리스토텔레스의 미메시스, 즉 감정이입에 의한 모방·재현 이론은 꽤 설득력이 있어 보인다.

아리스토텔레스의 예술 이론 중 미메시스는 '모방론'으로 알려진 생각이다. 그 요체는 '감정이입'이다. 아리스토텔레스에 의하면 모든 예술은 미메시스이고 미메시스에 의해 이루어지는바 이는 전적인 감정이입 능력, 즉 모방 대상에 정신과 신체가 하나로(심신불이) 감정이입하는 능력이다. 그렇게 대상에 감정이입되어 모방하고 재현함으로써 인간은 즐거움과 쾌감을 느끼고 대상에 대한 지식도 습득한다고 한다.[29]

유한자이자 상대적이고 불완전한 존재인 인간이 무한자이자 절대적이고 완전한 존재인 초월자 천신(하느님)을 상정해, 감정이입하여 모방하고 재현함으로써 쾌감과 안정감을 갖고 마침내 신처럼 영생에 이르려는 본능과 필요에서 그런 것이 아닐까? 이른바 고급 종교로 부르는 종교일수록 그런 게 아닐까? 신을 모방하기 또는 신과의 합일!

이상으로 한국 천신숭배의 역사적 전개양상을 매우 거칠게 조망해보고, 그 결과 가진 소감의 일단도 피력해보았다. 앞으로 더 정치한 논증이 이루어져야 할 것이다.

---

29 오순한, 『시학&배우에 관한 역설』(유아트도서출판, 2013), 54 참고.

기원의 고전문학사적 전개양상과 인문학적 의의

1. 머리말

왜 이 글이 필요한가? 과문한 탓인지는 모르나, 발표자가 보기에 기원은 한국문학사에서 지속적으로 나타나는 요소인데도 그간 제대로 조명되지 않았다고 여겨지기 때문이다. 예컨대 남한에서 가장 방대한 문학사라고 할 수 있는 조동일 교수의 『한국문학통사』에서도 기원은 주목하지 않았으며, 중요한 형상이나 모티프의 통시적 전개 양상을 추적한 김열규 교수의 『한국문학사: 그 형상과 해석』에서도 따로 고찰하지 않았다.

존재로서의 문학사와 기술로서의 문학사는 다를 수밖에 없다고들 한다. 하지만 현전하는 최초의 문학작품인 「단군신화」[1] 또는 「광개토호

---

1   熊女者無與爲婚, 故每於壇樹下呪願有孕.

태왕비문」[2]에서부터 등장해 김현승의 기도시에 이르기까지, 문학사에 지속해서 나타나는 기원을 도외시할 수는 없다. 간과할 경우 문학사의 실상을 온전히 파악할 수 없으며, 자칫 왜곡하는 결과를 초래할 수도 있다. 근대적인 시각으로 과거의 문학이나 역사를 재단할 때 그런 오류가 생길 수 있다. 두 가지 예를 들어본다. 고려 시대의 이규보를 흔히 객관적인 관념론자 또는 다분히 유물론적인 성향의 작가로 규정하기 쉬운데, 초월적인 존재에 기원하는 글이 아주 많다. 조선 시대의 사대부들에 대해서도 선입견이 강한 편이다. 무신론적인 성격이 강한 성리학으로 무장해 초월적인 존재에 대해 기원하는 것과는 거리가 먼 집단으로 여기기 십상이다. 하지만 사대부가 기원한 사례가 일기, 여행기, 가사, 소설 작품에서 보이므로 재조명해 볼 필요가 있다.

있는 대로 본다고들 하지만, 보는 대로 있다고도 할 수 있다. 인간을 기원하는 존재(*homo orans*)[3]로 규정하고 문학사를 들여다보면 이 기원의 측면이 온전히 보일 수 있다. 이 글에서는 그간의 연구에서 비교적 소홀하게 다뤄온 이 기원이 우리 고전문학사에 전개된 양상을 들어 보이고, 인문학적인 의의 또는 앞으로 연구해봄 직한 과제들을 제시하는 데 힘쓸 것이다. 기원 연구를 종합해서 무슨 결론을 내려는 게 아니라 앞으로 기원 연구를 하는 데 어떤 자료가 필요한지 보이고, 연구할 거리들을 소개하는 성격이 강하다는 것을 미리 밝혀둔다.

---

2 王臨津言曰 "我是皇天之子 母河伯女郎 鄒牟王 爲我連葭浮龜."
3 원어성경연구소(DIXIT) 김영희 부소장이 만든 말.

2. 기원의 한국문학사적 전개양상[4]

(1) 원시 고대

이 시대의 기원 관련 대표적인 문헌 자료는 「단군신화」다. 웅녀의 "每於
壇樹下呪願有孕" 대목이 문헌 기록으로서는 최초의 기원이다. 기자(祈
子) 기도의 첫 사례이기도 하다. 우리 민족이 자녀 생산을 중시했고, 자
녀를 가져야만 행복한 삶이라 여겼던 사실을 보여주는 예라 할 수 있다.

　금석문 자료로는 「광개토호태왕비문」이 있다. 동부여왕 해부루의
祈子,[5] 주몽이 부여에서 도주해 남하하다 물을 만나 위기에 봉착하자 "我
是皇天之子 母河伯女郞 鄒牟王 爲我連葭浮龜"라고 기원했다는 기록이
그것이다. 자신을 황천, 즉 하느님의 아들로 부르고 있어 주목된다. 원칙
적으로는 해모수의 아들이라고 해야 하지만, 동일한 신성의 소유자 또는
계승자라고 여기는 의식의 반영이라 해석되는 대목이다. 이규보의 「동
명왕편」에 인용된 『구삼국사』 「동명왕본기」의 기록은 다음과 같다.

4　이 글에서의 시대 구분은 조동일 교수가 『한국문학통사』에서 적용한 견해를 존중했다
　는 것을 밝혀둔다.

5　부여왕(夫餘王) 해부루(解夫婁)가 늙도록 아들이 없어 산천(山川)에 제사하여 아들 낳
　기를 빌러 가는데, 탄 말이 곤연(鯤淵)에 이르자 큰 돌을 보고 눈물을 흘렸다. 왕이 괴이
　하게 여기어 사람을 시켜 그 돌을 굴리니 금빛 나는 개구리 형상의 작은 아이가 있었다.
　왕이 "이것은 하늘이 내게 아들을 준 것이다" 하며, 길러서 금와(金蛙)라 하고 태자(太
　子)로 삼았다(夫婁老無子 一日祭山川求嗣 所乘馬至鯤淵 見大石 相對俠[淚]流 王怪之
　使人轉其石 有小兒. 金色蛙形 王喜曰 此乃天賚我令胤乎. 乃收而養之 名曰金蛙). 한국
　고전번역원, 이식 역, 1980.

건너려 하나 배는 없고 쫓는 군사가 곧 이를 것을 두려워하여 채찍으로 하늘을 가리키며 개연히 탄식하기를, "나는 천제의 손자요 하백의 외손인데 지금 난을 피하여 여기에 이르렀으니 황천과 후토(后土)는 나 고자(孤子)를 불쌍히 여기시어 속히 배와 다리를 주소서" 하고, 말을 마치고 활로 물을 치니 고기와 자라가 나와 다리를 이루어 주몽이 건넜는데 한참 뒤에 쫓는 군사가 이르렀다.

다른 기록도 있다. 주몽이 송양왕과의 대결에서 흰 사슴을 잡아서 하늘에 비를 내리도록 겁박해 그 흰 사슴이 올렸다는 기도,[6] 「구지가」 등을 들 수 있다.[7]

이 자료들의 경우 기원의 대상으로서의 최고신이 환웅(환인의 아들이니 환인과 동격), 천제(天帝) 등으로 표기되어 있으나 우리말 명칭은 따로 있었을 것이다. 한글 창제 이전이므로 우리말 발음의 원래 명칭을 적을 수 없어 중국의 한자를 빌려 적다 보니, 중국과 같이 天(천)이나 귀신으로 표기한 것일 뿐이라는 사실을 늘 염두에 두어야 한다. 국어학자 홍윤

---

6 서쪽을 순행하다가 사슴 한 마리를 얻었는데 해원에 거꾸로 달아매고 저주하기를, "하늘이 만일 비를 내려 비류왕의 도읍을 표몰시키지 않는다면 내가 너를 놓아주지 않을 것이니, 이 곤란을 면하려거든 네가 하늘에 호소하라" 하였다. 그 사슴이 슬피 울어 소리가 하늘에 사무치니 장맛비가 이레를 퍼부어 송양의 도읍을 표몰시켰다. 송양왕이 갈대 밧줄로 흐르는 물을 횡단하고 오리 말을 타고 백성들은 모두 그 밧줄을 잡아당겼다. 주몽이 채찍으로 물을 긋자 물이 곧 줄어들었다. 6월에 송양이 나라를 들어 항복하였다 한다.

7 이 밖에도 우리 문화의 원시 또는 고대의 모습을 어느 정도 담았다고 여겨지는 현전 무가 중 '축원굿무가'를 보조자료로 참고할 수 있다.

교 교수의 추정으로는 '하늘'이 최고신의 우리말 명칭이었을 것이라 한
다. 훈민정음 창제 이후에 나온 노계 박인로의 「노계가」에서 '하ᄂ님'으
로 표기하는 것을 보아 그렇다고 한다. '하눌님, 하ᄂ님, 하눌임' 등의 다
른 표기도 보인다는 게 홍 교수의 귀띔이다. 한편 '-님' 접미사는 14세기
이후에 와서야 등장한 것으로서 전통적인 호격은 '-하'였으며, '-이시여'
란 호격 조사도 19세기에 들어와서야 생겨난 것이라고 한다.

(2) 중세 전기(삼국, 남북국, 고려 전기)

이 시기 기원 자료로 김유신의 석굴 기도, 욱면비의 손바닥을 뚫어 붙들
어 매고 드린 기도, 「원왕생가」, 「도천수관음가」 등의 기원적인 향가 작
품들, 최치원의 기도(오방신, 토지신), 왕거인의 기도 등이 있다. 이 기도들
의 의의에 대해 말해보면 다음과 같다.
　먼저 김유신의 석굴 기도를 살펴보자.

　　공의 나이 15세에 화랑이 되니, 한때 사람이 기꺼이 복종하여 칭호를 용화
　　향도라 하였다. 진평왕 건복 28년 신미에 공의 나이 17세였다. 고구려, 백
　　제, 말갈이 국토를 침략하는 것을 보고 비분강개하여 적구를 평정하고야
　　말겠다는 뜻이 있어 홀로 떠나 중악산 석굴 속에 들어가 목욕재계하고 하
　　느님께 아뢰며 맹세하되(戒告天誓盟曰), "적국이 무도하여 범이나 이리 떼
　　처럼 우리나라를 침략하여 조금도 편안한 날이 없으므로 저는 한낱 미신
　　(微臣)으로 재주와 힘을 헤아릴 겨를이 없이 화란을 없앨 것을 뜻하오니 오

직 하느님께옵서 하강하시와 저에게 솜씨를 빌려주옵소서(惟天降監, 假手
於我)"라고 하였다. 나흘째 되던 날에 문득 한 노인이 갈의를 입고 와서 말
하기를 "이곳은 독사와 맹수가 많아서 무서운 땅인데 귀한 소년이 여기 홀
로 있는 것은 무슨 까닭이냐"라고 물으므로 대답하기를 "어른께서는 어디
서 오셨으며 존명을 들려주실 수 있겠습니까?" 하였다. 노인은 "나는 일정
한 거처가 없고 인연 따라 오가는데 이름은 난승이라 한다"고 하였다(『삼
국사기』「김유신 열전」).

김유신의 기도는 산기도와 애국 기도의 전범이라 할 수 있다. 기도의 목
적이 개인의 욕망을 이루기 위한 것이 아니라 나라를 구하는 데 있기 때
문이다. "고구려, 백제, 말갈이 국토를 침략하는 것을 보고 비분강개하여
적구를 평정하고야 말겠다는 뜻이 있어 홀로 떠나 중악산 석굴 속에 들
어가 목욕재계하고 하느님께 아뢰며 맹세(戒告天誓盟曰)"했다고 한다. 인
용문 그대로 김유신은 나라가 외침을 받자 이 문제를 해결하기 위해 산
에 들어가 기도를 시작하였다. 기도 내용은 이렇다. "적국이 무도하여 범
이나 이리 떼처럼 우리나라를 침략하여 조금도 편안한 날이 없으므로 저
는 한낱 미신(微臣)으로 재주와 힘을 헤아릴 겨를이 없이 화란을 없앨 것
을 뜻하오니 오직 하느님께옵서 하강하시와 저에게 솜씨를 빌려주옵소
서(惟天降監, 假手於我)." 자신에게 하느님이 솜씨를 빌려달라고 하였다. 나
라가 침략당해 편안한 날이 없으므로 이 문제를 해소하기 위해 그렇게
해달라는 기도다. 이는 마치 구약성경에 나오는 이스라엘을 구하기 위해
드린 모세의 기도를 연상하게 한다.

욱면비의 손바닥을 뚫어 붙들어 매고 드린 기도는 다음 내용에서 전해진다.

경덕왕 때 강주(康州, 지금의 진주[晉州]. 혹은 강주[剛州]라고도 쓰니 그렇다면 지금의 순안[順安]이다)에서 있었던 일이다.

남자 신도 수십 명이 서방(西方, 극락세계)에 뜻을 두어, 그 고을 내에 미타사(彌陀寺)를 세우고, 1만 날을 기한으로 기도회를 열었다. 그때 아간(阿干) 귀진(貴珍)의 집에 계집종 하나가 있었는데, 이름은 욱면(郁面)이었다. 욱면은 주인을 따라 절에 와서는 불당 안으로는 들어가지 못하고 뜰에 선 채 스님이 하는 대로 염불하였다. 주인은 욱면이 주제넘은 짓을 하는 게 얄미워서 매양 곡식 두 섬씩을 맡기면서 하룻저녁에 다 찧으라고 하였다. 그러면 욱면은 초저녁에 방아를 다 찧어 놓고는 절에 와서 염불하였다("내 일이 바빠서 주인 집 방아 서두른다"는 속담은 아마도 여기서 나온 듯하다).

이러기를 밤낮으로 게을리하지 않았다. 욱면은 아예 절 뜰의 좌우에다 말뚝을 세우고 두 손바닥을 뚫어 끈으로 꿴 다음 그 말뚝에다 붙잡아 매었다. 그리고는 합장한 채로 좌우로 놀리면서 스스로 격려하는 것이었다. 그때였다. 공중에서 하늘의 외침이 들려왔다.

"욱면낭자는 불당에 들어가 염불하라."

절의 대중들이 그 소리를 듣고 욱면을 권하여 불당에 들어가 규례에 따라 정성을 드리게 했다. 얼마 지나지 않아서 하늘의 음악이 서쪽으로부터 들려오더니 욱면이 허공으로 솟구쳐 들보를 뚫고 나갔다. 욱면은 서쪽으로 가 교외에 이르자 형체를 버리고 진신(眞身)으로 변화하더니, 연화대(蓮花臺)에 앉아 대광명을 내비치면서 천천히 서쪽 하늘로 사라져가고, 음악 소리는 하늘에서 그치지 않았다. 그 불당에는 지금도 구멍 뚫린 곳이 남아 있다고 한다(이상은 『향전』[鄉傳]의 내용임. 『삼국유사』 권5 욱면비염불서승[郁面婢念佛西昇]).

욱면비의 기도문은 나와 있지 않다. 문면으로 보아 염불만 했다면 "나무아미타불" 같은 어구를 반복해서 염송했을 가능성이 크다. 욱면비의 기도에서 주목할 점은 자세다. 욱면의 기도 자세는 매우 비장하다. "아예 절 뜰의 좌우에다 말뚝을 세우고 두 손바닥을 뚫어 끈으로 꿴 다음 그 말뚝에다 붙잡아 매었다. 그리고는 합장한 채로 좌우로 놀리면서 스스로 격려하는 것이었다." 주인이 부과한 지나칠 정도의 일을 염불하고자 하는 일념으로 마치고 달려와 기도할 때 졸음에 방해받을까 봐 이를 차단하기 위해 비상수단을 강구한 결과다. 우리가 기도할 때 어떤 자세로 할 것이냐 하는 물음에 욱면비는 그 전범을 보였다 할 만하다. 금식이나 단식기도를 하는 것은 많이 알려졌지만, 자기 지체에 구멍을 뚫어 붙들어 매면서까지 기도에 몰입한 경우는 들어보기 어렵기 때문이다.

「원왕생가」, 「도천수관음가」 등의 향가에 보이는 기도는 어떤가?

月下伊低赤/ 西方念丁去賜里遣/ 無量壽佛前乃/ 惱叱古音多可支白遣賜立/ 誓音深史隱尊衣希仰支兩手集刀花乎白良/ 願往生願往生/ 慕人有如白遣賜立/ 阿耶此身遣也置遣/ 四十八大願成遣賜去(달님이시여, 이제 서방

정토까지 가시려는가[가시거든] 무량수불 앞에 알리어 여쭈옵소서. 맹세 깊으신 부처님께 우러러 두 손 모아서 왕생을 원합니다, 왕생을 바랍니다 하며 그리워하는 사람이 있다고 사뢰옵소서. 아아, 이 몸을 버려두고 마흔여덟 가지 큰 소원[아미타불의 중생을 위한 모든 맹서와 소원]을 이루실까).

무릎을 고치오며/ 두 손 몯고 다가가라/ 즈믄 손 관음보살께/ 빌어 사뢰 두옵니다/ 즈믄 손 즈믄 눈이나/ 같은 것에서 하나를 더소서/ 두 눈이 먼 저옵니다/ 하나쯤 주셔도 지나오리/ 아사라 내게 끼쳐 줄 것을/ 어디 쓰올 자비심이온지(김선기 역).

이 작품들은 전문이 기도로 되어 있다. 향가를 어떤 성격의 노래로 규정지을지는 지금까지도 연구자 간에 논의가 분분한데, 필자의 경우 '기원'(祈願)의 성격이 두드러지는 노래라고 이해하는 게 좋다고 생각한다. 고려 시대의 고려속요나 경기체가, 조선 시대의 시조나 가사, 현대시와 비교했을 때 가장 두드러지는 특징이라 할 수 있기 때문이다.[8]
　　이 시기의 기도로 최치원의 기도와 왕거인의 기도도 주목된다. 최치원은 조선조에 들어와 문묘에 배향될 만큼 유학자로 분류되는 인물이다. 그런 우리의 통념과는 다르게 최치원이 다수의 기도문을 남기고 있어 흥미롭다. 오방신과 토지신 등의 자연신에게 올리는 기도문을 작성했으니,

8　김진욱, "삼국유사 소재 향가의 기원적 성격에 대한 연구", 2015년도 하계 전국학술발표대회, 온지학회, 2015. 8. 8, 서경대학교, 36–53쪽에서도 이런 의견을 개진한 바 있다.

조선 시대의 기준으로 본다면 유학자로서는 흠결이라 말할 수도 있다. 이 사실은 문학사의 현상들은 매우 복합적으로 존재하는 것이지 후대의 이념이나 요청에 맞추어 존재하는 게 아니며, 그렇게 재단하거나 해석해서도 안 된다는 점을 잘 보여준다.

桂苑筆耕集卷之十六 都統巡官侍御史內供奉崔致遠撰.

五方의 신령에게 제사 지낸 글

모년 모월 모일에 모관(某官) 모(某)는 삼가 청작(淸酌) 서수(庶羞)와 양폐(量幣)의 제전(祭奠)을 가지고 감히 오방신(五方神)의 영(靈)에게 밝게 고합니다. 전(傳)에 이르지 않았습니까. "오행을 맡은 관원을 오관이라고 하였다. 그들은 상공의 작위에 봉해지고, 제사를 지낼 때에는 귀한 신의 대우를 받았으며, 사직의 다섯 사신(祀神)으로서 높여지고 받들어졌다. 목을 담당하는 장관을 구망이라 했고, 화를 담당하는 장관을 축융이라 했고, 금을 담당하는 장관을 욕수라 했고, 수를 담당하는 장관을 현명이라 했고, 토를 담당하는 장관을 후토라 했다"(五行之官 是謂五官 封爲上公 祀爲貴神 社稷五祀 是尊是奉 木正曰句芒 火正曰祝融 金正曰蓐收 水正曰玄冥 土正曰后土)라고. 그래서 예(禮)에도 이르기를 "공공씨가 구주를 정복했을 때 그의 아들을 후토라고 했는데, 구주를 잘 안정시켰기 때문에 그를 토지신으로 제사 지내게 되었다"(共工氏之霸九州也 其子曰后土 能平九州 故祀以爲社)라고 한 것입니다. 그렇다면 신주(神主)가 하늘의 뜻에 순응하여 그 신령스러운 공이 헤아릴 수가 없는 만큼, 토지를 나누어 받은 제후(諸侯)

의 입장에서는 사전(祀典)을 거행해야 마땅할 것입니다. 생각건대, 부인(夫人)께서는 실로 지기(地祇)를 통솔하고 곤덕(坤德)을 널리 함축하여, 몸이 만물의 어미가 되면서 오방(五方)의 신군(神君) 중에 으뜸이 되었습니다. 헌황(軒皇)을 받드는 직분을 수행하여 그 공덕이 하사(夏社)에 드러났나니, 은(殷)나라 탕왕(湯王)은 옮기려는 의논을 중지시켰고, 한(漢)나라 무제(武帝)는 제사하는 정성을 베풀었습니다. 이를 통해서 신감(神鑑)이 편파적이지 않아서 물정(物情)이 향사(享祀)하는 것임을 알겠습니다. 옛날에 구토(九土)를 평정할 때에도 강하(江河)가 잘 흐르도록 하셨으니, 지금 오방(五方)을 안정시키면서 어찌 회해(淮海)를 보살펴주지 않겠습니까. 신령께서는 금목수화(金木水火)를 조화시키고 풍우설상(風雨雪霜)을 구사(驅使)하시어, 춘하추동(春夏秋冬)으로 하여금 길이 재앙의 기운을 없애게 하고, 동서남북(東西南北)으로 하여금 가만히 분침(氛祲)의 근원을 제거하게 해주소서. 희생과 폐백을 갖추어 진설하고, 서수(庶羞)를 정결하게 장만하여, 중류(中霤 후토신[后土神])보다 못하지 않게 치성(致誠)을 올리오니, 대번(大藩)에 가득 차게 은혜를 베풀어주소서. 오직 풍년이 들기를 기다리면서, 신령스럽게 감응해주시기를 바라나이다. 상향[尙饗].

양마성을 쌓으면서 토지신에게 제사 지낸 글(築羊馬城祭土地文)

모년 모월 모일에 모관(某官) 모(某)는 병란(兵亂)이 아직 그치지 않아 방비할 대책을 착실히 세워야 하겠기에 양마성(羊馬城)을 수축(修築)하도록 명하고는, 마침내 모관 모을(某乙)을 보내어 토지신에게 고합니다. 대저 성곽을 설치하면 고을의 주민들이 의지할 수가 있습니다. 성곽을 세우는 일을 허술히 하면 교활한 자들이 혹 엿보게 되고, 착실히 거행하면 적은 숫자로도 굳게 지킬 수가 있습니다. 더구나 지금은 승냥이가 시끄럽게 짖어대고, 독사가 마구 독기를 내뿜고 있는 때입니다. 동요하기는 쉽고 안정되기는 어려우니, 어느 곳인들 낙원(樂園)이 될 수 있겠습니까. 잠시 수고하여 길이 편안하려면 지금 공력(功力)을 기울여야 할 것입니다. 그래서 마침내 높고 낮음을 헤아리고 멀고 가까움을 의논하여, 백도(百堵)를 모두 일으키게 하였으니, 삼순(三旬)이면 공사를 마칠 수 있을 것입니다. 성의 이름은 복력(伏櫪)과 촉번(觸藩)을 상징하고, 그 형세는 장운(長雲)과 단안(斷岸)에 접하였습니다. 거북이가 기어간 흔적을 빌리지 않았으니, 어찌 용성(龍星)이 나타나는 시기를 기다리겠습니까. 대중의 마음이 합치되어서 힘을 허비하는 일이 없을 것입니다. 신(神)께서는 그 덕이 만물을 널리 실어주고, 그 도가 실로 겸손한 쪽으로 흐르니, 성을 쌓는 시끄러운 소리도 사양하지 말고, 금탕(金湯)의 견고함을 이루도록 힘써 주시어, 구름 같은 가래와 우레 같은 방망이로 하여금 멀리 환성(歡聲)을 떨치게 하고, 까마귀가 오르는 성가퀴와 새매가 내려앉는 성벽으로 하여금 높이 장관(壯觀)을 드러내게 해주소서. 그리하여 북으로는 회수(淮水)의 달을 집어삼키고 남으로는 장강(長江)의 연무(煙霧)를 들이마시는 가운데, 철옹(鐵甕)의 이름을 깔아뭉개고 금구(金甌)의 기록을 압도하여, 걱정 없이 미리 대비할 수 있도록 신께서는 들어주소서.

왕거인의 기도 역시 의의가 크다. 국가 권력이 탄압하자 자신의 부당함을 황천, 즉 하늘에 기도해 호소하자 기적이 일어났다는 관련 기록은 당대인의 천신 의식을 엿보게 한다. 국왕의 힘보다 더 위에 있는 힘으로서 천신을 상정하고 있는바, 천신 관념이 지속되고 있음을 보여준다.

于公慟哭三年旱 우공이 통곡을 하니 3년이나 가뭄이 들고,
鄒衍含悲五月霜 추연이 비분을 머금으니 5월에 서리가 내렸다.
今我幽愁還似古 지금 내가 슬퍼하는 사연이야 옛 일과 흡사하건만
皇天無語但蒼蒼 하늘은 말이 없고 푸르디푸르기만 하구나.

(3) 중세 후기(고려 후기, 조선 전기)

이 시기, 특히 조선 시대에 들어서 정치와 문화의 주역으로 등장한 사대부들도 기도를 했을까? 문집에 죽은 사람을 추모한 제문(祭文)들만 수록되어 있어, 초월적인 존재에 대한 기원은 하지 않은 것으로 여겨질 가능성이 크지만 사대부들도 기도하였다. 최부(崔溥, 1454-1504)와 이문건(李文楗, 1494-1547)의 기도문이 그 사실을 보여준다. 인력으로는 어찌할 수 없는 절체절명의 순간, 위기의 순간에 초월자 앞에 무릎을 꿇었다는 것을 확인할 수 있다.

1) 『표해록』에 나타난 최부의 기도

『표해록』은 조선 성종 시대의 사대부인 최부가 지은 작품으로서 우리나라 해양문학의 대표작이다. 배를 타고 가다가 표류하여 중국에까지 떠내려갔다 살아 돌아온 체험을 고스란히 담고 있어 일찍부터 학계의 주목을

받았다. 하지만 유교 사대부인 최부가 표류라는 절체절명의 위기를 만나서 보인 신앙적 반응의 실상과 의의에 대해서는 아무도 제대로 말하지 않았다.

무신론적인 성격을 지녔다고 알려진 유교로 무장된 최부가 그런 위기 앞에서 보인 반응의 실상이 무엇인지 자세히 살펴볼 필요가 있다. 부친상을 치르기 위해 배를 타고 제주도를 떠난 최부 일행이 표류하여 사경을 헤매다 13일 만에 중국에 상륙하기까지, 그 죽음의 위기 앞에서 최부는 처음에는 기원을 거부하다 마침내 다음과 같이 기도한다.

신도 그 말과 같이 인장(印章)과 마패(馬牌)를 품안에 넣고 상관(喪冠)과 상복(喪服)을 갖추고는 근심스럽고 두려워하는 태도로 손을 비비고 하늘에 축원하기를(臣如其言。懷印與馬牌。具喪冠與服。懦懦然挼手祝天曰), "신이 세상에 살면서 오직 충효와 우애를 마음먹었으며, 마음에는 기망(欺罔)함이 없고 몸에는 원수진 일이 없었으며, 손으론 살해함이 없었으니, 하느님이 비록 높고 높지마는 실제로 굽어살피시는 바입니다. 지금 또 임금의 명령을 받들고 갔다가 먼 곳에서 친상(親喪)을 당하여 급히 돌아가는 길인데 신에게 무슨 죄와 과실이 있는지 알지 못하겠습니다. 혹시 신에게 죄가 있으면 신의 몸에만 벌이 미치게 하면 될 것입니다. 배를 같이 탄 40여 인은 죄도 없으면서 물에 빠져 죽게 되었으니 하느님께서는 어찌 가엾지 않습니까?(天其敢不矜憐乎) 하느님께서 만약 이 궁지에 빠진 사람들을 민망히 여기신다면(天若哀此窮人), 바람을 거두고 파도를 그치게 하여, 신으로 하여금 세상에 다시 살아나서 신의 갓 죽은 아비를 장사지내게 하고, 노인이 된 신의 어미를 봉양하게 하십시오. 다행히 또 궁궐의 뜰 아래에 국궁 (鞠躬)하게 한다면 그 후에는 비록 만 번 죽어 살지 못하더라도 신은 실로 마음에 만족하겠습니다" 하였습니다.

최부는 죽음의 위기 앞에서 이성적이거나 합리적으로만 대처한 게 아니다. 위에 보인 것처럼 하늘에 빌었다.

2) 『양아록』에 나타난 이문건의 기도

『양아록』(養兒錄)은 아이의 출생과 성장 및 양육 과정을 비교적 소상하게 기록한 자료다. 정암 조광조의 문인이며 승정원 좌부승지를 역임한 묵재 (黙齋) 이문건(李文楗, 1494-1567)이 쓴 글이다.

이문건은 큰형과 작은형이 당화(黨禍)로 죽은 데 이어, 역모죄로 몰려 죽은 조카(煇) 때문에 성주로 귀양을 떠나 23년 동안 유배의 굴레를 벗지 못하고 그곳에서 죽었다. 그런데 외아들(熅)마저 어릴 적에 열병을 앓은 후부터 반편이 되는 등 가계(家系) 단절의 위기 상황이 닥치자 손자 보기를 염원했다. 마침내 손자 숙길(淑吉)이가 태어나자 출산 당시와 그 이후의 성장 과정을 자신의 일기에 상세히 기록하고 그 부분을 따로 발췌하여 『양아록』(養兒錄)이란 이름으로 묶었다. 이 기록에 이문건의 기도가 나오는데 그 구체적인 양상을 살펴보기로 한다.

이문건은 손자의 출산을 위하여 출산 3년 전(1548년)에 쌀·옷·종이·초·솜·기름·향 등의 물건을 보내 승려로 하여금 초제(醮祭)를 지내 아이를 얻게 해달라고 빌었다. 초제는 옥황상제에게 바치는 제의다. 그때 이문건이 직접 작성한 기도문의 내용을 보면 손자의 출산을 염원하는 절절한 심정이 잘 나타나 있다.

> 엎드려 생각하옵건대, 제가 산과도 같은 앙화를 겪어, 실낱과도 같은 목숨을 남겨 가지고 있사옵니다. 시작과 종말은 그 운수가 정해져 있어, 비록 크게 한정된 운명은 도피할 수가 없는 법이지만, 환난이 때로 찾아오면 그 횡액에서 벗어나기를 바라는바, 이에 저의 정성을 다해 옥황상제께 경건히 기도드리옵니다. 원하옵건대, 특별히 신묘한 기운으로 도와주시며, 바라옵건대 영험한 반응을 내려주시어, 근심을 전환하여 기쁨이 되게 하시사 재액에 얽매인 상태에서 면해지도록 해주시고, 죽음에서 삶으로 돌이키사 꺼져가는 생명을 이어가게 해주시옵소서. 또한 저는 외롭고 위태로우며 돕는 이도 없어, 거꾸러지고 자빠져도 그 누가 부축해주겠습니까? 우둔하고 병객인 제게 아들이 있어, 비록 난리 속에 처자와 조카들을 이끌고 도망하다, 자꾸만 도적을 만나 위험해지자 자기 자식을 나무에 묶어놓고, 아비를 일찍 여읜 조카들만 데리고 도망하여 무사하였으나 결국 자기 아이를 갖지 못했다는 등유(鄧攸)가 아들을 잃은 것과 같지는 않으나, 아들의 실마리를 계승하여, 감히 마묵(馬黙)처럼 저도 손주 아이를 얻게 되기를 감히 희원하옵니다.

비록 위탁의 형태였지만 이문건이 기자(祈子) 행위를 한 것은 분명하다. 일반 민속에서는 삼신이나 칠성신에게 정성을 바쳤던 것으로 알려져 있는데, 대상 신격은 다르지만 초월적인 존재에게 빌었다는 점은 동일하다. 유학을 배우고 익혀 그 실력으로 급제도 하고 생활하였던 양반도 유학의 힘으로는 해결할 수 없는 출산의 문제 앞에서 일반 민중과 똑같이 초월적인 존재에게 빌었다는 사실을 확인할 수 있다. 이는 통념적으로 알고 있는 것과는 달리 양반 사대부도 목적을 이루기 위해서는 다른 신앙을 수용하였다는 것을 보여준다.

기타 왕실에서 혹은 국가 차원에서 기원했다는 기록을 『조선왕조실록』에서 여러 건 검색할 수 있다. 태종, 세종, 인조의 경우 등이 그것이다. 태종부터 살펴보자.

태종 33권, 17년 4월 11일 정묘 4번째 기사 1417 정유/ 명 영락(永樂) 15년. 공신 적장(功臣嫡長)이 경복궁(景福宮) 북동(北洞)에서 회맹(會盟)하였다.

개국·정사·좌명 3공신 적장 숭록 대부(開國定社佐命三功臣嫡長崇祿大夫) 평양군(平壤君) 조대림(趙大臨) 등은 감히 황천 상제(皇天上帝)와 종묘(宗廟)·사직(社稷), 산천 백신(山川百神)의 영전에 밝게 고합니다. 엎드려 생각하건대, 임금을 섬기되 무이(無貳)함을 충(忠)이라 이르고, 어버이를 섬기되 어김이 없음을 효(孝)라 이릅니다. 대개 신자(臣子)가 되어 세워야 할 것은 충효(忠孝)요, 하늘로 할 것은 군부(君父)입니다. 오직 그 할 바를 마땅히 정성으로써 한결같이 섬겨야 하니, 하물며 이제 신(神)에게 다짐하여 밝히고, 피를 마시며 동맹(同盟)하는 자에게 있어서야 말할 나위가 있겠습니까? 신 등의 아비는 태조(太祖)를 추대(推戴)하여 개국(開國)한 이도 있고, 상왕(上王)을 부익(扶翼)하여 정사(定社)한 이도 있으며, 우리 전하(殿下)를 받들어 좌명(佐命)한 이도 있습니다. 기회에 응하여 방책을 결정하고, 의(義)를 분발하여 충성을 바치시니, 세 번 맹세한 말[三盟之辭]들이 맹부(盟府)에 간직되어 있으매, 자손 된 자는 마땅히 몸받을 것을 생각하여 영세(永世)토록 잊어버림이 없어야 할 것입니다. 더욱이 지금 우리 전하께서 신 등의 아비가 일찍이 미미한 공적이 있다 하여 신의 작질(爵秩)을 높여 주시고, 공신(功臣)의 열(列)에 참여하게 하여 신 등을 신 등의 아비[臣父]와 다름없이 보아주시니, 이것은 곧 대순(大舜)이 "상(賞)은 대대로 미치게 한다"는 성심(盛心)입니다. 신 등은 우러러 이 지극하신 뜻을 몸받고 또한 신 등의 아비의 마음을 마음으로 삼아, 지성으로 서로 참여하여 왕실(王室)을 협보(夾輔)함으로써 종시(終始) 쇠하지 아니할 것을 기약합니다. 이에 좋은 날을 택하여 이를 밝으신 신(神)에게 다짐함으로써 정성을 굳게 하겠습니다. 맹약한 뒤는 각자가 힘써 시종일의(始終一義)하고 금석(金石)과 같이 굳게 지켜, 항상 사직을 안정케 하고 국가에 이롭게 함을 생각하여, 영구히 복록(福祿)을 누리고 함께 안정과 번영을 보전하여 자손 만대에 오늘을 잊지 말게 하겠습니다. 진실로 어쩌다가 삼가지 못하여 감히 이 맹세를 바꾼다면 어두운 곳에서는 귀책(鬼責)이 있을 것이고, 밝은 곳에는 왕법(王法)이 있으니, 그 자신에게만 그치는 것이 아니라 반드시 후손에게도 미칠 것이매, 각자가 서언(誓言)을 공경하여 어김이 없도록 삼가 청작(淸酌)과 소뢰(小牢)를 진설하여 밝게 드리오니 흠향하소서.

세종은 다음과 같다.

세종 36권, 9년 6월 14일 신미 1번째 기사 1427 정미/ 명 선덕(宣德) 2년.
昊天上帝에게 제사하는 글.

"아아, 하늘은 음양오행으로 만물을 생성하시니, 그러므로 하늘과 땅은 오직 만물의 부모라고 합니다. 대개 부모는 자식에게 이로운 데로 인도하고 해로운 데를 피하도록 하려고 아니하는 일이 없으니, 비 오고 볕 나고, 덥고 춥고, 바람 불고 하는 것이 춘하추동에 서로 교대하여, 천하의 물건들이 크나 작으나, 굵으나 자나 모두 그 삶을 완수하나니, 『주역』(周易)에 이르기를, '천도의 변화로 모든 것이 생명을 바로 가지며, 구름이 다니고 비가 내리어 각종 물건이 형태를 갖춘다' 함이 이를 이른 것입니다. 그러나 비록 하늘의 명령을 받아 억조의 인민을 다스리는 자는 임금이온대, 사람의 일이 아래에서 감동하면 하늘의 변화가 위에서 응하는 것이어서, 〈홍범(洪範)에 말한 것처럼〉 공손히 하며[肅], 평안히 하며[乂], 밝게 하며[哲], 신중히 하며[謀], 성스럽게 하면, 그 감응은 비[雨]와 볕[暘]과 더위[燠]와 추위[寒]와 바람[風]이 때맞추어 순조롭게 되고, 광망하며[狂], 참람하며[僭], 게을리하며[豫], 조급히 굴고[急], 몽매하게 되면[蒙], 그 결과는 좋찮은 징조가 곧 나타나게 됩니다. 이제 더위가 다 가는 유월달에 있어서 한재가 극심함을 당하오니, 허물이 실로 나에게 있고 다른 데에 있는 것이 아닙니다. 이는 필연코 형벌 정책이 바로 되지 못하여, 죄 있는 자가 잘못 용서를 받고 무죄한 자가 도리어 화를 입게 되어, 쓸 사람과 버릴 사람이 당치 못하게 바뀌고, 충성하고 바른말 하는 이가 소홀함을 당하며, 총명의 길이 막히어 아랫사람의 사정이 윗사람에게 통하지 못하며, 법령이 어지럽게 변경되어 관리들이 준수하기에 어두우며, 또 더군다나, 눈으로 미처 보지 못하고 귀로 미처 듣지 못한 중에서 광범한 여러 고을들과 수많은 여러 백성들이 고르지 못한 부역으로 괴로움을 당하고, 번다한 납세에 쪼들리어 원망과 한탄이 일어나고, 평화로운 기분이 상하게 된 자가 얼마나 되는지 헤아릴 수 없으니, 이는 다 나의 부덕함에서 비롯된 것입니다. 그러므로 마음속으로 반성하여 스스로 자책하기를 금할 수 없나이다. 내가 성현의 글을 읽어서 대강 임금 도리의 당연히 할 바를 알고, 깊이 역대 국가의 성하고 쇠함을 거울삼아서, 거의 주색에 빠지거나 사냥을 일삼거나, 재물을 남용하여 백성을 해치거나, 병사에 전력하여 무위를 더럽히거나 하기에는 이르지 아니하고, 오직 대국을 예의로써 대접하고 신명을 정성으로써 받들며, 제 몸 기르기에는 박하게 하고 백성 구제하기에는 돈독하게 하며, 정사에는 부지런하고 형벌에는 조심하여, 한 마디 말과 한 가지 동작에도 호령을 내리고 법령을 시행할 때에 이르기까지 다 그 분수에 맞게 하여, 위로는 하느님이 부탁하여 내리신 무거운 책임을 저버리지 아니하고, 아래로는 백성들이 우러러 받드는 전일한 마음을 위로하고자 할 뿐이오니, 틈틈이 생각나는 나의 심회는 하느님이 실로 굽어 살피실 것이옵니다. 그러나 기품과 물욕이 서로 엇갈리고 학문과 수양이 미치지 못하는데, 어찌 능히 그 일상의 언동하는 가운데에 모두 꼭꼭 〈이치에〉 들어맞게 하여 하느님 뜻에 조금도 어긋남이 없게 하겠으며, 더구나 능히 진실한 마음으로 하늘을 섬기며 겸손한 마음으로 상제를 섬기기에 조심조심 전념하여 밝은 정신으로 잠시도 쉬지 않고 온종일 모시기만 하겠나이까. 당연히 하느님의 꾸지람이 깊으실 것이니 또 누구를 허물하겠나이까. 그러나 비록 하늘의 총명은 곧 민중의 총명으로 말미암아 위와 아래가 서로 통하여 간격이 없는 것이니, 그러므로 한 개인이라도 실망이 된 일이 있을 때에는 오히려 하느님을 부르게 되거든, 하물며 한 국가에 임금이 되어서 억조의 민중을 통솔하는 자이야 어떠하겠으며, 또 하물며 자식으로서 아비에 대하여 진실로 정의가 있다면 어찌 저의 어질고 어질지 못함을 계교하여 구원해주기를 청하지 아니할 것이며, 또 더구나 나 한 사람으로 인하여 만물들이 모두 시르죽는 지경에 이르게 된다면 어찌 하느님의 마음인들 편하게 될 것입니까. 이번의 한재가 사뭇 이처럼 극도에 이르기에 일찍이 산천과 사직(社稷)에까지 기도하고, 또 일찍이 부모와 조상에게도 고하였으나, 끝내 효과가 없어서 근심된 마음이 극도로 답답하여 가슴이 타고 애가 달아, 밥을 대하여도 먹히지 않고 자리에 누웠다가 도로 일어나곤 하여 더욱더욱 안타깝고 송구한 지가 여러 날이 되오니, 어찌 속에 있는 대로 쏟아서 하느님께 소상히 고하여 도와주시기를 빌지 않을 수 있겠나이까. 이에 약소한 제물을 올리면서 어린 회포를 진술하오니, 엎드려 생각하건대 호천 상제께서 나의 쌓인 정성을 살피시고 나의 서정하는 말씀을 굽어보셔서, 잘못된 허물을 용서하시고 애련한 생각을 특히 내리시어, 흐뭇하게 비를 주심으로써 모든 마른 것을 소생시키며 여러 가지 곡식도 잘 되게 하여, 아무것도 모르는 백성들과 억만의 생명으로 날짐승 물고기들 여러 종류에 이르기까지 다 살아 자랄 수 있도록 하여주시면, 지극한 소원이 여기에 더할 것이 없겠나이다" 하였는데, 판부사 변계량(卞季良)이 지은 글이다.

그리고 오제(五帝)에게 제사하는 글에 이르기를, "아아 밝으신 오제(五帝) 님들은 실로 천황을 보좌하시매, 높디 높은 하늘 위에 계시면서 아

래로 사방과 중앙을 맡으시어, 사람에 관한 일을 보살피고 돌보시어 재앙
도 내리시고 상서도 내리시는데, 미천한 이 몸이 덕에 밝지 못하여 행동에
바른길을 잃고 정치에 편벽됨이 많아서, 덕택이 널리 펴지지 못하고 정성
이 하늘을 감동하지 못하였기에, 지난 봄철로부터 가물이 재앙이 되어, 비
가 조금도 생물들을 적셔 주지 아니하고 논밭이 거의 누렇게 먼지만 나게
되었는데, 요새 한여름에 이르러서 혹독한 더위가 쇠를 녹이고, 모진 바람
이 사나운 심술을 부리어 온갖 물건이 되삶는 듯합니다. 불쌍한 우리 창생
들은 소중한 것이 오직 먹는 일인데, 농사가 아주 병이 들어서 생명을 이을
길이 없게 된지라. 가만히 그 허물을 생각해보건대 죄가 실로 나에게 있삽
기로 내 몸을 어루만져 스스로 책망하고 옷깃을 바로하여 말씀을 아뢰옵니
다. 우러러 생각하건대 신령님께서는 인자하게 덮어 주심이 한량없으시오
니, 바라옵건대 성나신 위엄을 거두시고 이 땅의 백성들을 불쌍히 여기시
와, 상제를 깊이 도우셔서 은하수를 내리쏟으시어, 곧 사방에 고루 단비를
내리시어 들판에서 농부들이 노래하고 길가에서 장사꾼들이 춤추며, 심지
어 동물들과 식물들까지도 함께 은택을 입게 하여 주소서."

인조의 경우는 다음과 같다.

인조 33권, 14년 12월 24일 갑오 5번째 기사 1636 병자/ 명 숭정(崇禎)
9년.

이 고립된 성에 들어와서 믿는 것은 하늘뿐인데, 찬 비가 갑자기 내려 모두

흠뻑 젖었으니 끝내는 반드시 얼어 죽고 말 것입니다. 내 한 몸이야 죽어도 애석하지 않지만 백관과 만백성이 하늘에 무슨 죄가 있습니까. 조금이라도 날을 개게 하여 우리 신민을 살려 주소서.

(4) 중세에서 근대로의 이행기(조선 후기 임진왜란 이후)

역사는 단절적이지 않다. 앞 시대와 뒷 시대는 지속되면서 변화하고 변화하면서 지속된다. 고대, 중세, 근대로 막 바로 변화하는 게 아니라 고대에서 중세로의 이행기를 거쳐 중세로, 중세에서 근대로의 이행기를 거쳐 근대로 역사는 진행한다.

우리나라 역사에서 중세에서 근대로의 이행기는 조선 후기 시기에 해당한다. 이 시기의 기도에서 가장 괄목할 것은 노계 박인로의 가사에 나온다. 지금 우리가 쓰는 '하나님'이란 호칭이 처음 등장하기 때문이다. 천신신앙은 고대부터 있었을 테지만 한글 창제 이전이라 모두 한자를 빌려서 중국식으로 표기해왔는데, 박인로의 가사에 처음으로 우리말로 '하느님'이라 적고 있다.

1) 가사: 박인로, 「노계가」

時時로 머리드러 北辰을 바라보고/ 눕모르는 눈물을 天一方의 디이느다/ 一生애 품은 뜻을 비옵느다 하느님아/ 山平 海渴토록 우리 聖主 萬歲소셔/ 熙皡 世界예 三代 日月 빗취소셔/ 於千萬年에 兵革을 쉬우소셔/ 耕田鑿井에

撃壤歌를 불리소셔/ 이 몸은 이 江山 風月에 늘글주를 모로로라

이 가사에 등장하는 '하ᄂ님'이란 표기는 필자가 확인하기로는 순우리 말 음가대로 고대 천신의 이름을 적은 최초의 사례라고 생각한다. 고대 에 민중들은 천신의 이름을 '하ᄂ'로 불러오다가 '님' 접미사가 후대에 출 현해, 비로소 박인로의 가사처럼 '하ᄂ님'이라는 표기가 나온 것이라 여 겨진다. 원래 있던 천신의 이름이 한글을 통해 수면 위로 드러난 첫 사례 다. 새로운 명칭이 만들어진 게 아니라 원래 우리말로 부르던 명칭이 우 리 글자가 없어 수면 아래 내려가고, 한자의 훈을 빌려 다른 음가로 표현 되다가 마침내 조선 중기에 와서 순우리말 음가대로 한글을 빌려 실현된 셈이다.

따라서 그 이후에 전래된 개신교에서 오늘까지 절대자의 명칭을 '하 나님'으로 통일해 쓰는 것의 내재적 소이연을 밝힐 수 있다. 개신교에서 말하는 최고신은 '상제? 신? 하나님?' 논쟁을 벌이다 '하나님'으로 귀착 되었는바, 쉽게 하나님으로 귀결되는 데는 이미 그 이전부터 '하ᄂ → 하 ᄂ님 → 하ᄂ님 → 하나님'이라고 하는 변화 과정이 있었기에 자연스럽게 그리되었다고 생각한다.

2) 고소설 『심청전』(완판본)에서

"인당수 용왕님은 사람 제물 받잡기로 유리국도 화동에 사는 십오 세 효녀 심청을 제물로 드리오니, 사해 용왕님은 고이고이 받으소서. 동해신 아명

서해신 거승이며, 남해신 축융 북해신 옹강이며, 칠금산 용왕님 자금산 용왕님 개개 섬 용왕님 영각대감 성황님, 허리간에 화장성황 이물고물 성황님네 다 굽어보옵소서. 물길 천리 먼먼 길에 바람구멍 열어내고, 낮이면 골을 넘어 대야에 물 담은 듯이, 배도 무쇠가 되고 닻도 무쇠가 되고 용총마류 닻줄 모두 다 무쇠로 점지하시고, 빠질 근심 없삽고 재물 잃을 근심도 없애시어 억십만 금 이문 남겨 대끝에 봉기질러 웃음으로 즐기고 춤으로 기뻐하게 점지하여 주옵소서."…심청이 거동 보소. 두 손을 합장하고 일어나서 하느님 전 비는 말이, "비나이다, 비나이다, 하느님 전에 비나이다. 심청이 죽는 일은 추호라도 섧지 아니하여도, 병든 아버지 깊은 한을 생전에 풀려하고 이 죽음을 당하오니 명천은 감동하사 어두운 아비 눈을 밝게 띄워 주옵소서."

이 대목은 선원들이 심청을 사서 용왕에게 제물로 드릴 때 선원이 용왕에게 올린 기도와 심청이 하느님께 올린 기도 대목이다. 바다를 관장하는 신격은 용왕으로 여겼기에 선원들은 기도의 대상을 용왕으로 설정하여 무사히 항해하게 해달라고 빌고 있다. 다만 그 용왕이 단수가 아니라 복수로 등장하고 있어 다신론적인 성격을 보인다. 심청은 하느님께 빌고 있다. 심청의 관심사는 무사 항해에 있지 않고, 아버지의 개안에 있기 때문에 용왕이 아니라 하느님께 빌고 있어 차이를 보인다.

3) 시조

天君衙門에 所志알외느니 依所願題給 호오소서

　　人間 白髮이 平生에 게염으로 츠마 못볼 老人광대 靑春少年들을 미러 가며 다 쯰오되 그中의 英雄豪傑으란 부듸 몬져 늙게호니 이 辭緣 參商호스 白髮禁止호오쇼셔

　　上帝 題辭內에 世間公道를 白髮로 맛져이셔 貴人頭上段置撓改치 못 흐거든 너쓰려 分揀不得이라 相考施行向事(천군아문에 소지 아뢰느니 의 소원제급하오소서/ 인간 백발이 평생에 게염으로 차마 못 볼 노인 광대 청 춘소년들을 밀어 가며 다 띄우되 그중에 영웅호걸이란 부디 먼저 늙게 하 니 이 사연 참상하사 백발금지하오소서/ 상제 제사내에 세간공도를 백발로 맡겨 있어 귀인두상단치요개하지 못하거든 너더러 분간부득이라 상고시 행향사).[9]

이 시조는 고문서 양식 가운데 소지(所志)의 형식을 빌려 화자의 메시지 를 전하고 있다. 다만 일상생활에서는 소지의 수신인이 관청을 비롯하 여 인간 사회의 어떤 기관이나 담당자인 데 반해, 이 시조에 등장하는 가 상 소지의 수신인은 천군(天君), 즉 하나님이다. 청원의 내용은 늙기 싫으 니 백발을 금지시켜 달라는 것이다. 이에 대한 천군의 처분은 무엇일까? "세간의 공도를 백발로 맡겨 있어" 인간이 지닌 장수의 욕망을 피력한 작

9　　같은 책, 713쪽.

품이다.[10]

3. 한국문학사에 전개된 기원의 인문학적 의의: 맺음말을 겸하여

이상에서 얻은 바를 요약하면 다음과 같다.

첫째, '기원'(祈願)은 한국문학사의 전 시기에 걸쳐 지속해서 나타난
다는 사실을 확인하였다. 최초의 작품이라 할 수 있는 「단군신화」 또는
「광개토호태왕비문」에서부터 삼국, 남북국, 고려, 조선, 근현대에 이르기
까지, 달리 표현하자면 고대로부터 중세를 거쳐 중세에서 근대로의 이행
기와 근현대에 이르기까지 어느 시기도 거르는 일 없이 등장하고 있다는
것을 알았다.

둘째, 기원 모티프를 통해 통관해보건대 天(천), 上帝(상제), 神(신) 등
으로 표상되는바, 초월적인 존재에 대한 기원은 고려 시대까지 드러나게
존재하다가 성리학의 나라인 조선 시대에 들어와서는 수면 아래로 내려
가고, 고인을 추모하는 제문(祭文) 일색으로 변화한다. 문집에 실린 허다
한 제문들이 이를 보여준다. 그렇다고 해서 조선 시대에 초월자에 대한
기원이 사라진 것은 아니다. 그 사실을 최부와 이문건, 박인로 등의 사례
가 잘 보여준다. 시조, 민중의 주된 수용층이었던 고소설 작품에서 보이
는 기원도 마찬가지다. 표면적인 잠재화, 이면적인 지속이라고나 할까?

---

10   근대(1919년 이후)의 기원 관련 작품으로 현대시만 몇 가지 들면 다음과 같다. (1) 김현
승 「가을의 기도(祈禱)」, (2) 마종기 「겨울기도」, (3) 허영자 「작은 기도」, (4) 구상 「기
도」 등.

사대부나 민중은 물론 왕실에서 왕조 초기부터 말기까지 초월적인 존재에게 기원하는 의식을 계속했다는 사실은 이미 잘 알려진 바이기도 하다. 이는 기원하지 않고는 살 수 없는 게 인간이라는 사실을 일깨운다. 기원 대상 또는 목적도 개인이나 집단의 욕망을 성취하기 위한 기도만 나타나다가 나중에는 이타적인 기도도 등장함으로써 우리의 가치관이나 인생관이 보편성을 확보해갔다는 것도 확인할 수 있다.

셋째, 인간을 여러 가지로 표현하지만 우리 문학사상의 근거를 보면 '호모 오란스'(*homo orans*), 곧 기원(기도)하는 사람(존재)이라고 말할 수 있다는 게 밝혀졌다. 원시와 고대 시기부터 근대, 아니 지금에 이르기까지 기원이 지속되고 있기 때문이다. 시대에 따라 기원 대상에 대한 명칭이나 기원 내용과 형식 등에서 변이가 보이며, 문학사에서 차지하는 비중에 차이가 있을 수는 있다. 하지만 통시적으로 기원이 있어왔으며 있다는 사실은, 인간을 이해하는 데 기원이 중요한 키워드임을 확인하게 한다.

이상의 사실을 바탕으로 앞으로의 연구와 관련해서 몇 마디 강조하고자 한다.

첫째, 기원은 한민족에게 원형질적이다. 한민족 또는 한국문학 연구에서 기원에 대한 관심은 우선적이다. 기원까지 다루어야 총체적·균형적인 한민족·한국문학 연구라 할 수 있다. 진(眞)·선(善)·미(美)·성(聖)이 인간이 추구하는 가치들의 총체라면, 기원은 성(聖)과 연결된 개념이다. 우리가 종교를 "일상생활의 우아(優雅)에 매몰되어 있기만 하지 말고 '저 높은 곳을 향해' 초월적이고 영원한 영역의 숭고(崇高)로 나아가자는 노력이나 운동"[11]으로 규정한다면, 기원은 바로 그 '초월적이고 영원한 영역의 숭고'한 존재를 의식하고 의지하는 행위라 할 수 있다. 어떤 특정인만 하는 게 기원이 아니라는 것, 아주 보편적이며 자연스러운 행위가 기원이라는 사실을 문학사는 시사한다. 이는 다른 말로 표현하면, 인간은 진선미(眞善美)만으로는 만족하거나 행복할 수 없다는 사실을 일깨워준다고도 할 수 있다. 호모 사피엔스답게 살아야 인간이듯, '호모 오란스'로서 기원하며 살아야 인간다운 행복한 삶이라고 하면 지나친 말일까?

둘째, 기원의 대상과 목적과 형식의 변화 양상을 추적해 총체적으로 종합할 필요가 있다. 내 가설로는 천신숭배가 지속되다가 중국의 영향력이 강해지면서 수면 아래로 내려가 있다가(무속의 굿으로 변형되어 존재하다가), 조선 후기에 기독교가 전래되면서 다시 수면 위로 올라와 오늘에 이르렀다고 보는바 전면적인 고찰이 필요하다. 천부(天父)란 표현 문제도 이 작업의 일환으로서 흥미 있는 주제다.

셋째, 비교문학적인 시각에서의 작업도 필요하다. 상하남녀, 한문국문, 갈래별(문학 내적, 문학 외적), 국가별, 종교별(儒·佛·道·基·巫·民間) 비교 연구가 그것이다. 한국적인 기원(내용과 형식과 자세 등)은 무엇인가 하는 점도 이 작업을 거쳐서 비로소 그 정체가 드러날 것이다.

넷째, 일기를 비롯하여 기원을 담고 있는 새로운 자료 발굴을 위해 노력해야 할 것이며, 기존 자료들을 기원이라는 시각으로 재조명하는 노력도 아울러 이루어져야 한다. 있는 대로 보는 측면도 있지만, 보는 대로

---

11   조동일, "한국문화 둘러보기"(미발표 원고), 44쪽.

있기도 하다는 점을 잊지 말아야 한다.

　다섯째, 위의 연구들이 제대로 이루어질 때 한국인 나아가 인간이 무엇인지, 바람직한 기원은 무엇인지가 해명되리라 기대한다. 관심 있는 동학의 참여를 희망한다.

부록 3

기독교가사 「사향가」에 나타난 유교와 기독교 간의 논쟁

1. 여는 말

우리 문학사에만 존재하는 갈래 가운데 종교가사가 있다. 사실상의 다종교 사회였던 우리나라에서 각 종교가 자기네 종교의 우월성을 홍보하거나, 다른 종교의 비판에 대해 답변하기 위해 그 내용을 4·4조 가사 형태로 창작한 것이 종교가사다. 불교가사, 유교가사, 도교가사, 기독교가사(천주가사와 개신교가사를 포괄한 용어)가 그것이다.

기독교가사 중에서 먼저 등장한 천주가사의 경우, 유교를 믿어오던 사람들로부터 극심한 비판을 받으면서 살아남아야 했기에 그런지, 개신교가사에 비해 종교적인 논쟁 양상이 아주 생생하게 드러나 있어 시선을 끈다. 21세기인 지금도 기독교에 대한 유교적 관점에서의 비판이 존재하는데, 필자가 보기에 이는 천주가사 「사향가」에서 이미 논의되었던 것이다. 우리 신앙의 선배들이 이미 문제를 제기하고 답도 내놓았는데 이를 몰라, 불필요한 오해가 반복되고 있으니 안타까운 일이다.

이 글에서 필자는 천주가사 「사향가」에 나타난 유교와 기독교 간의 논쟁 양상을 드러내 보이고자 한다. 「사향가」는 1850년대에 신부 최양업(崔良業, 토마스)이 지은 기독교 신앙가사로서, 영원한 본향(本鄉)인 천당을 바라보도록 유도하는 작품이다. 비교적 이른 시기의 작품으로서 사람들에게 가장 많이 애송되었다.

다른 기독교가사를 몰라도 이 작품만 알면 그 당시 기독교에 대한 유교 측의 비판이 무엇이었는지, 그리고 이에 대한 기독교 측의 반론이 무엇이었는지 파악할 수 있다. 이 글에서는 그 구체적인 양상을 살펴보고 그 의미를 음미해보고자 한다.

참고로 이 글에서 '기독교'란 천주교와 개신교의 상위개념으로 사용하고자 한다. '기독교'를 '개신교'와 동의어로 사용하기도 하지만 필자는 그럴 수 없다고 생각한다.

2. 「사향가」에 나타난 유교와 기독교 간의 논쟁 양상

「사향가」에는 유교와 기독교 간의 논쟁만 나타나 있는 게 아니다. 제목의 뜻 그대로 '고향을 생각하게 하는 노래', 즉 고향인 천당의 행복과 현세의 어려운 삶 및 지옥의 고통을 대비하면서 고향에 가는 구체적인 방법을 제시해, 함께 고향에 가자고 권유하는 메시지를 전하고 있다. 하지만 지면이 제한된 이 글에서는 유교와 기독교 간의 논쟁 양상 파악에만 초점을 맞추어 이 작품을 읽어보기로 한다.

유교를 믿고 살아오던 이들이 기독교에 대해 어떤 비판을 가했을까? 그리고 이에 대한 기독교의 대응은 무엇이었을까? 비판받은 사항 가운데 중요한 것들을 제시하고 이에 대한 기독교 측의 반론을 소개하기로 하겠다.

(1) '천지만물은 저절로 생긴 것'이란 비판에 대한 반론

> 어화 가련사 세속사람 어림이여
> 혼미하고 우몽함을 연민하고 불인하여
>
> 참도리를 드러내어 개유하고 명증하니
> 여러말을 못하여서 훼방하고 모욕하네
>
> 허탄하고 요망하다 조물진주 있단말가
> 절로생긴 하늘땅을 그뉘라서 지어냈고
>
> 천지만물 허다한걸 무엇으로 지어냈고
> 천주먼저 있다하니 어디에서 좇아난고

기독교에서는 창조론을 주장하는데 이에 대해 당시 유교 측에서는 이와 같이 비판하였다. 천지만물은 저절로 생긴 것인데 조물주, 즉 천주가 지어냈다는 주장은 잘못이라는 비판이다. 이는 마치 최근의 진화론과 창조론의 대립과도 흡사하다. 실제로 유교에서는 태극에서 음과 양이, 그 음과 양에서 천지만물이 생겼다고 설명하고 있어 창조론보다는 진화론과 통하는 면이 있다. 이에 대한 기독교 측의 반론은 무엇이었을까?

우물밑에 개구리가 하늘큰줄 어찌알며
밭도랑에 노는고기 바다큰줄 어찌알며
…
요순우탕 주공들도 천주진정 못보기로
조물진주 계신줄을 명백진처 몰랐으되

황천상제 대주재로 공경하여 섬겨있고
천신마귀 나뉜줄을 이런도리 몰낫도다

다행할사 우리무리 조물진전 얻어보고
모른것을 알아내며 어두운걸 밝혀내니

어찌하여 이런도를 참된줄을 몰라보고
그르다고 나무라고 외국도라 배척하라

창조론을 거부하는 이들은 '하늘 큰 줄을 모르는 우물 밑 개구리', '바다 큰 줄을 모르는 밭도랑의 물고기'에 불과하다는 말로 기독교의 세계관이

더 넉넉하다는 점을 강조하였다. 그러면서 유교에서 존숭해 마지않는 요임금, 순임금, 우임금, 탕임금, 주공 같은 성군들도 비록 창조주를 정확히는 몰랐지만 황천, 상제, 대주재, 즉 절대 지존자를 공경하여 섬겼다는 사실을 지적함으로써 신유학 이전 원시유교 단계에서는 상제신앙이 있었다는 점을 환기하였다. 그런 성군들도 얻어보지 못한 문헌인 조물진전, 즉 창세기를 담은 성경을 자신들은 얻어보아 그간 모르던 사실을 알아냈다고 하였다. 창조론은 종래의 유교 경전에서는 확인할 수 없고 기독교 경전인 성경을 통해서만 알 수 있다고 함으로써 기독교의 우월성을 당당히 주장하고 있다.

반론은 여기에서 멈추지 않았다. 다음 대목을 보자.

> 조그만한 집안에도 주장한이 다있거든
> 하물며 천지간에 주재한이 없을소냐
>
> 주재한이 없다하면 화성만물 누가한고
> …
> 언제부터 너희몸이 이세상에 있었느냐
> 개벽부터 있었느냐 태고부터 있었느냐
>
> 주재없이 절로났나 혈기로만 태였느냐
> 조그만한 개아미도 저할직분 다있거든

하물며 우리사람 직분없이 태여내며

포식난의 지내면서 허다세월 허송할제

수(壽)한자는 복타하며 요(夭)한자는 해라하며

부한자는 길타하며 빈한자는 흉타하냐

참도리를 밝게알아 생생왕 통달하면

가련할 수부자여 그아니 무서우냐

교탐일락 방사하면 금수정욕 다를소냐

탐인하고 음사하여 천주십계 모를진대

금수에서 다른것이 무슨것이 뛰어나뇨

의복입은 짐승이요 말잘하는 금수로다

작은 세계라고 할 수 있는 집에도 그 집을 주장하는 이, 즉 그 집을 짓고 관할하는 이가 있는 법인데, 어찌 이 큰 천지에 이를 주재하는 존재가 없을 수가 있느냐라는 말부터 하였다. 주재자가 있기 때문에 만물이 조성되었다고 보는 게 자연스러운데 어찌 주재자, 즉 창조자가 없다고 할 수 있느냐고 반문하였다. 우리가 사는 집도 내가 본 일은 없지만 분명히 그 집을 짓고 꾸려 나가는 이가 있듯이, 이 세계 만물도 우리가 목격하진 못했지만 조성하고 주재하는 이가 존재한다고 역설한 셈이다.

어떻게 원인 없이 결과가 나타날 수 있느냐고 함으로써 일상적이고 경험적인 사례를 들어 창조주의 존재를 설파하였다. 창조주를 인정하는 것과 인정하지 않는 것, 이 가운데에서 어느 것이 이 세계 만물의 기원을 이해하는 데 더 합리적이고 자연스러운지 생각해보라고 촉구하였다.

그러고 나서 창조주가 우리를 만드신 데는 분명한 목적이 있다는 사실을 일깨우고 있다. 조그만 개미도 해야 할 일, 즉 직분이 있듯이 인간에게도 직분이 있다는 것이다. 오래 살고 부자로 살아가는 게 중요한 게 아니며, 옷 입고 말하며 산다고 사람이 아니라, 우리를 태어나게 만들고 살아 있도록 돌봐준 주재자의 공을 생각하며 그분이 준 직분대로 사는 게 중요하며, 그래야 비로소 금수와 구별되는 인간이라 할 수 있다는 논리를 펴고 있다. 유교에서 금수와 인간의 차이를 들어 인륜의 중요성을 가르쳤던 그 방식을 그대로 빌려 아무리 유교의 가르침대로 산다 해도 창조주를 몰라보고, 그분이 부여한 십계를 지키지 않고 자기 욕망만 추구하며 살면 금수에 불과하다고 규정하였다. '금수'와 '인간'이라는 동일한 어휘를 사용하였지만 그 내용이 달라져 있어 흥미롭다.

(2) '영혼, 신과 마귀의 구분, 천당, 지옥, 예수의 십자가 죽음, 부활의 부정'에 대한 반론

영혼, 신과 마귀의 구분, 천당과 지옥, 예수의 십자가 죽음과 부활 등에 대한 유교 측의 비판은 이렇다.

기운모여 얼굴되니 영혼육신 무슨말고
생존사면 무기하니 천당지옥 있을소냐

사람죽어 귀신되니 신마유분 요언이다
상제강생 무슨말고 동정생자 있단말가

말끝마다 허탄하고 들을수록 기괴하다
전능전지 분명하면 남의손에 죽을소냐

돌기둥에 편태받고 십자가에 죽었거든
무슨능이 부활하며 무슨능이 승천하고

어찌하여 한몸위에 만민죄를 다하고
사심판과 공심판은 어디가서 받단말가

환향백골 썩었거든 어느몸에 상벌할고
썩은 흙만 남았거든 육신부활 무슨말고

수화중에 죽은사람 무엇으로 부활할까
세상밖에 어느천지 딴세상이 또있는가

성경성전 없는글을 누구라서 지어낸고

주공공자 아니한말 너희들께 첨들었다

유교 측에서 보았을 때 기운이 모여 우리의 얼굴, 즉 육신을 이루었다가 흩어지면 도로 기로 돌아가 버리는 것일 따름인데, 영혼이 따로 있다고 주장하는 기독교의 가르침은 잘못이다. 죽고 사는 현상은 기가 모였다 흩어졌다 하는 것이라서 끝없이 계속되는 법인데, 그 운동이 멈춘 상태로서 천당과 지옥을 말하는 기독교의 교리는 잘못이다. 사람이 죽으면, 즉 기가 흩어진 상태가 귀신일 따름인데, 신과 마귀가 인간과는 별도로 원래부터 구분되어 존재한다고 하는 기독교의 교훈도 잘못이다. 예수가 상제의 강생으로서 전능전지한 분이라면 죽지 않아야 마땅한데 남의 손에 비참하게 죽은 것을 보면 모순이며, 그렇게 무력하게 죽은 걸 보면 부활했다는 말도 믿을 수 없다. 유교 경전에는 없는 말을 지어내서 퍼뜨리니 잘못이다. 유교 측의 비판은 대강 이렇게 정리할 수 있다.

이에 대한 기독교 측의 반론은 무엇이었을까?

네몸안에 항상있는 영혼삼사(三司) 모르거든
하물며 무한하신 천주영능 어찌알며

천주영혼 모르거든 천당지옥 어찌알며
삼혼분별 모르거든 인물분수 어찌알며

천주진정 모르거든 신무유분 어찌알며

사향분배 모르거든 조화유행 어찌알며

사말종향 모르거든 헛된세계 어찌알며
마귀사정 모르거든 이단사술 어찌알며

원조범명 모르거든 강생도리 어찌알며
천주영능 모르거든 상생동신 어찌알며

천주강생 모르거든 부활승천 어찌알며
천주진자 모르거든 수난사정 어찌알며

반론의 요지는 이렇다. 일반인은 영혼의 존재와 기능에 대해서도 모르니 그보다 더 차원이 높은 천주의 신령한 능력을 모를 수밖에 없으며, 천주의 능력을 모르니 천당과 지옥의 교리, 신과 마귀의 존재, 성자 예수가 당한 수난과 희생의 의미도 모르게 되고 부활도 이해하지 못하는 결과를 초래한다는 것이다.

그 근본 원인에 대해 "넘고넘은 탁주병에 한잔물도 더못붓고, 검고 검은 먹물위에 아무빛도 못드는" 것으로 비유하기도 한다. 이미 욕심과 때 묻은 기존 지식으로 가득 채워져 있어 다른 가르침을 조금도 용납하려 하지 않기 때문이라는 것이다. 한마디로 다른 가능성을 생각하는 열린 마음을 가지지 못하고 기존의 관념, 즉 유교의 가르침만을 절대적인 것으로 고수하기 때문에 기독교의 가르침을 이해하지 못하고 있다는 것이다.

(3) '기독교 신자는 조상을 배반하고 임금까지 버린다'는
비판에 대한 반론

효를 중시하는 게 우리나라의 유교였다. 충과 효와 의, 이 세 가지를 중요하게 여겼지만 그 가운데에서 효를 가장 중요한 덕목으로 삼았다는 점에서 충을 강조한 중국, 의를 강조한 일본과 비교하여 특징을 보여준다. 그랬기에 국가의 관료도 친상을 당하면 관직을 쉬고 내려와 3년상을 치를 정도였다. 그 어떤 사회적 관계와 공적 의무보다도 자신의 부모에게 효를 바치는 것이 우선적이었다.

유교 특히 주자학에서의 가르침은 이 효를 더욱 극대화하였다. 부모가 생존해 있을 때만 효도하는 것은 불완전한 것이며, 돌아가신 후에도 계속 효도해야만 진정한 효도요 효도의 완성이라고 보았다. 제사가 그것이다. 제사를 통해 부모를 잊지 않고 일정한 예를 갖추지 않으면 자식의 '도리를 저버리는 것', 즉 불효라고 규정하였다.

그와 같은 관점에서 유교 측에서는 그리스도인들이 조상 제사를 지내지 않는 데 대해 비판하였다. 그 내용은 다음과 같다.

세상도리 어긋나고 인간사에 뒤지나니
이렇고도 옳을소냐 이렇고도 사람이냐

나라에서 금한것을 숨어가며 행탄말가
집안에서 말란일을 제조상을 배반하고

제귀신을 멸만하고 상제뿐만 섬기면서
군부께는 배반하고 구태여서 하잔말가

그렇고도 옳을소냐 불도만도 못하도다
기제거니 묘제거니 아주끊고 아니하니

주공제례 고칠소냐 정주가례 폐할소냐
삼년제도 아니하고 네도리가 옳다한들

누가너를 생양하고 남안는걸 행탄말가
국에서 생장하여 서국법도 행탄말가

서국법도 행할진대 동국에는 살지말지
너희법도 옳다하면 죽이기는 무슨일고

부모조상 배반하니 대죄인이 이아니냐

살아 있는 부모에 대한 봉양은 물론이고, 죽은 이후에도 제사를 지내야
만 효도를 완성하는 것으로 여기는 유교의 관점이 아주 잘 드러나 있는

비판이다. 그 요지는 다음 두 가지로 간추려진다.

첫째, 제 조상과 제 귀신을 섬기지 않고 상제만 섬기는 것은 부모와 조상을 배반하는 행위로서 대죄인이다.

둘째, 동쪽 나라에서 생장해 살고 있으면 동쪽 나라의 법도를 따라야 하는데 서쪽 나라의 법도를 따르는 것은 잘못이다.

이 같은 비판에 대한 기독교 측의 반론은 무엇인지 살펴보자. 첫 번째 비판에 대한 응전 양상은 이렇다.

너희마음 돌아보소 무엇으로 효양하며
선덕으로 효양하냐 의식(儀式)으로 효양하냐

견마들게 이르러도 기를줄을 다알거든
양구체만 다만알고 효경지도 아니하니

육축에서 다른것이 무슨것이 특별하뇨
생시효도 아니하고 죽은후에 제만하면

그만하면 효라하며 그만하면 예라하랴
성교도난 고사하고 소학이나 대학이나

만분중에 일분이나 본받느냐 행하느냐
너희행위 살펴보라 참된것이 무엇이뇨

남익이 걸린일은 기탄하고 아첨하며
세상사람 보는데는 그른것을 부끄리되

천주이 걸린일은 기탄없이 짐짓하며
천신성인 보는데는 그윽하고 방사하니

너희어림 심함이여 헛된일만 힘쓰도다.

이 대목에서 확인되는 기독교 측의 반론은 이렇게 요약할 수 있다. 유교 측에서의 효도란 천주를 의식하지 않고 남의 이목이나 체면을 의식하는 다분히 형식적인 행위라 할 수 있으며, 부모 생시에는 효도하지 않다가도 사망 후에 제사만 지내면 된다고 여기는 것은 잘못이다. 이는 모두 주님의 뜻에 어긋난 일이다. 제 조상과 제 귀신만 섬길 줄 알고 상제를 섬기지 않는 행위야말로 헛된 일이며 죄악이다.

두 번째 비판에 대한 기독교 측의 반박은 이렇다.

어찌하여 이런도를 참된줄을 몰라보고
그르다고 나무라고 외국도라 배척하랴

외국도를 배척하면 외국문자 어찌쓰나
살펴보고 살펴보고 헤여보고 헤여보라

네일생에 쓰는것이 외국소래 적잖도다
가례거니 상례거니 본국에서 지은게냐

복서거니 술서거니 외국소래 아닐너냐
너희믿는 석가씨는 서국소산 아닐너냐

미친마귀 속인술랑 어찌믿어 쫓아가며
인자은주 세운교는 어찌하여 훼방하뇨

이 대목에서 확인되는 기독교 측 반론의 핵심은 이것이다. 외국에서 온
것이라서 배척해야 한다면 문자, 즉 한자도 중국이라는 외국에서 온 것
이니 쓰지 말아야 하는데 왜 쓰는 것이냐? 가례, 즉 주자가례도 중국 송
나라의 주자가 만든 것이지 우리나라에서 지은 것이 아니지 않은가?

불교도 마찬가지 아닌가? 그런데도 왜 유독 기독교에 대해서만 외
국에서 온 것이라는 이유로 배척하고 비판하는 것이냐? 옳은 것이라면
어디에서 왔느냐를 따지지 말고 받아들이고 행해야 한다. 아주 명쾌한
반론이다.

3. 맺는말

우리 문학사에만 존재하는 종교가사, 그 가운데에서 기독교가사인 「사
향가」를 통해서 유교(정확히 말하면 신유교인 주자학)와 기독교 간에 벌어진

종교 논쟁의 실상을 확인해보았다. 종교 전쟁은 끊임없이 일어나면서도 우리처럼 문학을 통한 종교 논쟁은 찾아보기 어려운 유럽이나 다른 지역 과는 달리, 아주 문화적인 방법으로 서로 묻고 따지고 답변하면서 진리 를 모색한 전통은 아주 소중하다고 생각한다.

위에서 소개한 결과를 다시 요약하기보다는 논쟁의 의미를 음미하 는 것으로 이 글을 마무리하고자 한다. 유교가 여전히 생활윤리의 근간 으로 살아 있는 우리 사회에서 「사향가」에 나타난 논쟁은 아직도 종결되 지 않고 현재진행형으로 지속되고 있다고 판단하기에 더욱 그러하다.

「사향가」에 나타난 유교와 기독교 간의 논쟁이 담고 있는 의미로서 우리가 주목할 점은 무엇일까? 필자는 두 가지를 들고 싶다.

첫째는 패러다임 문제다. 유교(주자학)만 믿던 조선 사회에 기독교가 전래된 것은 패러다임의 변화였다. 다신론적이거나 인본주의적이고 다 분히 진화론적인 세계관을 가지고 살아오던 우리나라에 유일신관이자 신본주의적이며 창조론적인 세계관을 강조하는 기독교의 전파는 종래 와는 판이한 것이었다. 무속사회에 불교가, 불교사회에 신유교인 주자학 이 파상적으로 들어와 중심 이데올로기로 교체되어왔으나, 이 세 가지는 기독교와 비교하면 근본적으로 다신교적인 신앙 형태다. 더욱이 신유교 인 주자학의 경우는 원리적으로 무신론적인 성격까지 지니고 있다.

이런 풍토 속에 기독교가 유입된 것은 가히 기존의 패러다임을 뒤 흔들 만한 충격이었다고 보인다. 기존의 패러다임을 고수하던 유교가 보 기에 기독교는 이해하거나 용납하기 어려운 종교였다. 성현의 가르침을 절대시하던 유교로서는 성경을 경전으로 삼아 천주(상제)의 뜻을 따라야 한다고 주장하는 기독교는 이단이었다. 유교의 이 같은 비판에 대한 기독교 측의 반론을 관통하는 논리는 유교의 패러다임은 너무도 협소해서 기독교의 패러다임을 이해할 수 없다는 것으로 파악된다. 유교는 우물 안 개구리에 불과하다는 비유라든지, 부모나 조상 위에 천주(상제)가 계시는바 그분의 뜻을 따르는 것이 육신의 부모를 섬기는 것보다 더 중요하거나 우선한다는 인식도 그 연장선상에 놓여 있다. 우리 언어문화의 압존법을 활용한 논리이기도 하다. 할아버지보다는 아버지가 아래 서열이기에 할아버지 앞에서 아버지를 지칭할 때는 '애비'라고 낮추어 표현하는 게 타당하듯, 천주(상제)를 모르거나 모시지 않을 때는 부모와 조상을 절대시하였지만 천주상제가 계시다는 사실을 안 기독교로서는 천주상제의 뜻에 합치하는 방법과 형식으로 부모와 조상을 섬기겠다는 것이니 말이다.

『홍길동전』의 작자 허균이 인륜(사람이 만든 규범)을 어길지언정 천륜(하늘의 명령)을 어길 수는 없다며, 조선 사회에 이의를 제기한 것과도 통하는 논리이기도 하다.

둘째, 외래 문화와 자국 문화의 문제다. 기독교는 서양 문화, 즉 외래 문화이니 따라서는 안 된다고 유교 측에서 공격했는데 이 같은 인식은 지금도 불식되지 않고 있다. 하지만 「사향가」에서 이미 적절하게 반박했듯이, 그리고 우리 현실과 경험에 비추어 보았을 때 그 문화가 우리 것이냐 외래의 것이냐가 중요한 게 아니라 우리에게 필요하냐 아니냐, 다시 말해 우리의 행복을 위해 더 좋은 것이냐 아니냐가 중요하다. 우리의 삶을 풍요롭게 하는 데 기여하는 것이 곧 진리라고 할 수 있다. 그런 기준으로 우리 역사에 수많은 외래 문화가 수용되어왔다고 보아야 한다. 종교도 마찬가지일 것이다. 불교만 가지고는 부족했기에 신유교인 주자학이 도입되었고, 주자학만으로도 부족했기에 기독교가 받아들여졌을 것이다. 그런데도 유독 기독교에 대해서만 외래의 것이라고 배격한다는 것은 잘못이라는 「사향가」의 반론은 여전히 주목할 만하다. 그 답변이 결코 완전한 것은 아니지만, 다문화사회가 확대 심화해가는 지금 「사향가」의 논쟁이 동일한 화두를 놓고 대립하거나 고민하는 이들에게 일정한 지혜를 제공하는 것만은 분명하다.

부록4
더 읽어야 할 책과 유튜브

1. 책

관주·해설 성경전서(대한성서공회, 2022).

김기석. 『신학자의 과학 산책』(새물결플러스, 2018).

김세윤. 『구원이란 무엇인가』(두란노, 2023).

김세윤. 『바른 신앙을 위한 질문들』(두란노, 2015).

김온양. 『말씀을 따라 사는 삶: 김인수의 삶과 신앙』(Serving The People, 2014).

김종호. 『삶의 자리에서 바라보는 창세기』(그돌스튜디오, 2023).

다니엘 L. 밀리오리. 신옥수·백충현 옮김. 『기독교 조직신학 개론』(새물결플러스, 2016).

로버트 C. 비숍 외. 노동래 옮김. 『기원 이론』(새물결플러스, 2023).

민영진. 『바이블 F&Q』(대한기독교서회, 2006).

박원섭. 『새신자 가이드』(한국문서선교회, 2023).

C. S. 루이스. 장경철·이종태 옮김. 『순전한 기독교』(홍성사, 2018).

이재철. 『사명자반』(홍성사, 2013).

이재철. 『성숙자반』(홍성사, 2007).

이재철. 『새신자반』(홍성사, 2008).

리 스트로벨. 윤관희·박중렬 옮김. 『예수는 역사다』(두란노, 2021).

우종학. 『과학시대의 도전과 기독교의 응답』(새물결플러스, 2017).

이복규. 『교회에서 쓰는 말 바로잡기』(새물결플러스, 2020).

이필찬. 『에덴회복의 관점에서 읽는 요한계시록 12-22장』(에스카톤, 2022).

정용섭. 『기독교를 말한다』(한들출판사, 2001).

정장복. 『예배학 개론』(예배와설교아카데미, 1999).

조정민. 『왜 예수인가』(두란노, 2014).

『취리히 성경해설 성경전서』(대한성서공회, 2021).

칼 W. 가이버슨·프랜시스 S. 콜린스. 김정우 옮김. 『과학과 하나님의 존재』
   (새물결플러스, 2019).

톰 라이트. 윤상필 옮김. 『새 하늘과 새 땅』(성서유니온선교회, 2015).

2. 유튜브

〈바이블에센스〉
〈바이블클래스〉
〈잘잘법: 잘 믿고 잘 사는 법〉

부록 5
기독교 핵심 용어 풀이

- **그리스도**: 예수에 대한 칭호. 머리에 성유(聖油) 부음을 받은 자, 곧 왕이나 구세주라는 뜻. 히브리어 메시아와 같은 뜻의 그리스어.
- **기독교와 예수교**: 기독교의 '기독'은 한자(중국어)에서 온 말. 중국에 복음이 들어가자 그리스어 '크리스토스'를 '其理斯犢'(기리스도)로 음역했는데, 너무 길어 불편하자 중간의 '理斯'(리스)를 빼어버리고 '其犢'(기도)라고 하다가, 청나라 때에 와서 그 표기마저 '基督'(기독)으로 바꾸었음. 요즘 중국 사람들은 '基督'(기독)을 '지두'로 읽고 있어 우리와 다름. '기독'이 청나라 시대 만주족에 의해 구개음화되어 '지두'로 변한 것.

　　한국에 복음이 처음 전파될 때는 기독교를 '야소교'(耶蘇教)로 불렀음. 그래서 대한기독교서회는 '조선야소교서회', 대한예수교장로회도 '조선야소교장로회'로 출발. 연암 박지원이 『열하일기』에서 청나라에 와 있던 가톨릭 예수회를 '야소교'로 표현한 이후 일반화된 이름. '야소'는 '예수'의 중국어 음역. 그러나 야소라는 단어는 발음상 뉘앙

스가 좋지 않고, 히브리어 발음과도 거리가 있어서 한국에서는 점차 '예수'라는 이름으로 바뀌어졌음. '대한'과 '한국'의 대립도 거기 엿보임.

- **메시아**: '기름 부음 받은 자'란 뜻으로서, 구세주를 가리키는 말. 그리스도와 같은 말.

- **보혜사**(保惠師): 이 말의 뜻은 '위로자, 도우시는 이.' 예수께서 승천하신 후 예수를 대신해 제자들을 인도하고 복음을 이해시키고 시련과 박해를 참고 견디게 하는 하나님의 영, 즉 '성령'을 일컫는 말.

- **복음**(福音): 복된 소식. 영어의 'good news'를 옮긴 말. 예수 그리스도만 믿으면 구원을 받기 때문에, 기독교의 가르침은 가장 기쁘고 복된 소식임을 나타내는 말.

- **삼위일체**(三位一體): 성부 성자 성령 세 분의 하나님이 한 분으로 계신다는 기독교 교리를 나타내는 말.

- **성경**(聖經)과 **성서**(聖書): 동양에서는 '성경현전'(聖經賢傳)이라 하여 성인의 책은 '경', 현인의 책은 '전'으로 구분함. 진리성에 차이가 있다고 본 것. 그러다 보니 기독교의 경전을 거룩할 '성'(聖) 자에 경서(經書) '경'(經) 자를 써서 '성경'이라고 하면 더 높이는 것 같고, '서'(書) 자를 써서 '성서'라고 하면 그렇지 않은 것 같은 인상을 주나 본질적 차이는 없음. 다만 중국 전통에서는 '성경'이라고 부르고, 일본 전통에서는 '성서'라고 부르고 있음. 우리는 이 두 전통을 융합하는 현상을 보이고 있음. 그래서 성경이란 말도 쓰고 성서라는 말도 쓰고, '성경전서'라고 하여 경과 서를 절묘하게 융합하고 있음. 불교에서도 불경을 성경이라 불렀

으나 이제는 기독교가 독점한 상태. 그만큼 기독교의 영향력이 커졌다고 할 수 있음.

- **시온**: '예루살렘'의 별칭. 신약에서는 '하나님의 도성'을 상징하는 용어로도 사용함.

- **아멘**: '그렇게 되기를 원합니다', '그 말에 동의합니다'라는 말.

- **이단(異端)**: 예수 그리스도의 계시로 말미암아 사도들을 통해 전해진 말씀과 다른 가르침이나 그런 가르침을 따르는 사람. "다른 복음"(갈 1:6). 율법을 지킴(자기 선행)으로 하나님께 인정받고 구원을 얻으려는 '율법주의', 예수님의 인성(人性)을 부인하여 예수님이 실제로 사람의 몸을 입은 게 아니라 가진 것처럼 보였다고 주장하는 가현설(假顯說, Docetism), 예수님의 신성(神性), 즉 그리스도임을 부인하는 케린두스파 등이 초기 교회의 대표적인 이단이었음. 이단 여부를 판가름하는 기준 몇 가지는 다음과 같음. ① 성경 외에 다른 경전을 가짐, ② 자의적으로 성경을 해석함(특히 비유 풀이와 요한계시록 해석), ③ 삼위일체 교리를 부정함, ④ 예수님의 신성 또는 인성을 부인하며, 교주를 하나님 또는 재림 예수라고 주장하거나 자신이 메시아 또는 하나님이라 주장함, ⑤ 행위 구원을 주장해 율법을 절대시함, ⑥ 한 번 구원받으면 다시는 범죄도 없고, 죄를 지어도 죄가 아니며, 구원받은 연월일시와 장소에 대한 확신이 있어야 하고, 회개와 주기도는 불필요하다고 함.

- **인자(人子)**: 직역하면 '사람의 아들'이나, 신학적으로 '하나님이시나 사람의 아들로 오신 예수 그리스도'를 뜻하는 말.

- **임마누엘**: '하나님이 우리와 함께 계시다'는 말.

- **중생(重生)**: 거듭남. 하나님을 떠나 죄악 중에 있던 인간이 그리스도를 통해 나타난 하나님의 은혜로 영적인 새사람, 즉 하나님의 자녀가 된다는 말. 중생은 구원의 출발임.
- **할렐루야**: '여호와(하나님)를 찬양하라'는 말.
- **호산나**: '이제 구원하소서'라는 히브리어.
- **회개**: 죄악 세상에 빠진 마음을 하나님의 은혜의 세계로 방향을 바꾸는 것. 회심과 같은 의미.

기독교 이해의 길잡이

Copyright © 이복규 **2023**

1쇄 발행 2023년 10월 5일

지은이   이복규
펴낸이   김요한
펴낸곳   새물결플러스

편 집   왕희광 정인철 노재현 이형일 나유영 노동래
디자인   황진주 김은경
마케팅   박성민
총 무   김명화 이성순
영 상   최정호 곽상원
아카데미 차상희

홈페이지 www.holywaveplus.com
이메일   hwpbooks@hwpbooks.com
출판등록 2008년 8월 21일 제2008-24호
주 소   (우) 04114 서울시 마포구 신촌로28가길 29
전 화   02) 2652-3161
팩 스   02) 2652-3191

ISBN 979-11-6129-263-2 03230

책값은 뒤표지에 있습니다.